ベーシック・シュタイナー

【人智学《アントロポゾフィー》エッセンス】

西川隆範　編訳
渋沢比呂呼　撰述

イザラ書房

ルドルフ・シュタイナーと人智学の理解を通して、魂の不思議さ、人間であることの素晴らしさを感じていただけたら幸いです。

目次

「シュタイナー精神科学の基礎」　西川隆範　編訳

「シュタイナー人智学の基本」　西川隆範　編訳

「高次元世界の認識」

渋沢比呂呼　撰述

ベーシック・シュタイナー　【人智学エッセンス】

Rudolf Steiner　1861-1925

「シュタイナー精神科学の基礎」

からだ・いのち・こころ・たましい

人間について考えてみよう。まず知覚できるのは体だ。けれど、体は人間の本質の一部にすぎない。目で見ることができ、手で触れることのできるものが体だと思うなら、誤っている。人間の体には、高次の部分が混ざっている。人間の体は、たしかに鉱物と同じ素材からできている。でも、そのように見えるのは、体に他の部分が混ざっているからだ。目が見ているものは、本当は体ではない。体というのは、人間が死の扉を通過したあとに残るものだ。

高次の部分から切り離された体は、それまでとは別の法則に従う。それまで体は、物理的・化学的な法則に対抗してきた。人間の体は、崩壊に対して戦う生命に浸透されていないと、死体になる。生命が人間の第二の部分だ。生命オーラの頭・胴・肩は、体とほぼ同じ姿をしている。下に行くにしたがって、生命は体と似たところがなくなっていく。体と生命では、左右が逆になっている。体の心臓は、やや左側に位置している。生命の心臓は右側にある。男の生命は女性的であり、女の生命は男性的だ。生命の動きの柔軟さは、体の動きとは比べものにならない。健康な人の場合、生命は若い桃の花の色をしている。薔薇のような濃い赤から、明るい白までの独特の色合いで輝き、光っている。

心が人間の第三の部分だ。人間の楽しみ・苦しみ・喜びなど、思いのオーラは輝く雲のように見える。それが心だ。心は、じつに様々な色と形を示す。たえず形を変えながら漂う雲のようだ。その雲は、人間が他人に対して持つ感情を表わしている。人間の思いが絶えず変わるように、心の色と形も絶えず変わる。

人間の第四の部分は魂だ。楕円形をしており、その中心は前脳にある。そこに、青く輝く球が見える。そこから卵のような楕円形で青色が流れ出ている。

【別本による補足】

人間に目を向けてみよう。人間に向かい合うと、まず五感によって体が見える。だが、体は人間の一部だ。

通常、人を見るとき、その人の物質的な体は、ほとんど見えていない。人間は体・生命・心など、さまざまな本質の混合から成っていて、それらの部分の総体を、人間として見ているのだ。肉眼に映る体には、生命（エーテル・オーラ）と心（アストラル・オーラ）が浸透している。心は夢のない眠りにおいて、体から離れ去る。死んで、生命が体から離れ去ったときは、体だけが残る。心の表象が生命に刻印され、彫塑的に作用して、体を作っていく。体を鉱物界の一部と見なすと、体を正しく観察できる。

人間は動き、感じ、考えることができる。成長・生殖・栄養摂取ができる。植物は、物質的な力を自らが成長するための手段として活用できるもの、すなわち生命を有している。生命は、若い桃の花よりいくらか濃い色の光の姿をしている。

生命は体とほぼ同じ形をしている（特に上半身が似ている）。生命は体を構築する力の線に貫かれた力体だ。男性の生命は女性的、女性の生命は男性的である。

人間は快と苦を感じる能力を持っている。心である。欲望・情熱すべてを含むものだ。絶えず内的に動く、卵形の精妙な光の雲のようである。情熱・衝動などが、心の色・形として見える。心は、頭の二倍半の長さ分、体を越え出て、雲のように体を包み、下方に消えていっている。

快・苦、喜び・悲しみ、願望・欲望・情熱などを担うのが心だ。

人間を動物と区別するのが、第四の部分＝魂である。魂は額のうしろ、鼻根のところに、青みがかった卵形の球のようにとどまっている。実際は、そこは何もない空虚な空間だ。まわりに光が輝いているので、この暗い空間は青く見えるのである。それが魂を表現している。

体のなかで、魂は血液に表現されている。心は神経、生命は腺に表現されている。生物は、細胞なしに生命を持つことはできない。心は神経に結び付いている。魂が体に結び付くためには、温血が流れていなくてはならない。

地上に体という現象を成り立たせている力は、精神の国に存在する。鉱物や、人間の体の意識は、無形天（精神の国の上部）にある。生命を成り立たせている力、そして植物の意識は有形天（精神の国の下部）にある。心を成り立たせている力、動物の意識は心霊の世界に存在している。人間の魂は物質界にある。

今日では、体が最も完成されており、生命は未完成、心はもっと未熟、魂はまだ赤ん坊のような状態である。体は人間を構成する要素のなかで、最も古いものだ。体が最も長く、さまざまな力の働きかけを受けてきた。体が一定の段階まで発展した時点で、体に生命が浸透した。

体と生命がある期間融合したあと、心が加わり、最後に魂が付け加えられた。魂は将来、非常な高みに達する。

誕生すると、体は自由になる。生まれるまえは、体は母親の身体の一部だ。七歳まで、生命と心は体の形成に関わらなくてはいけない。生命と心は体の構築のために働く。七歳ごろ、生命は自由になりはじめ、外的な印象を受け取れるようになる。最初の七年間に子どもが見聞きすることはすべて、五感をとおして子どもに働きかける。大人が何を言うかではなく、どのようなあり方をするかが、七歳までの子どもに作用する。生命は記憶・習慣・気質・性向・恒常的情熱の担い手だ。この時期に、なんらかの習慣が性格を貫いていないと、子どもは落ち着きがなくなる。この時期には、人間の生涯をイメージで表わす、よく考えられた童話や物語が力強く作用する。この時期の子どもに向かい合う教師は、自然な権威を身につけていなくてはいけない。一四歳から二一歳になると、心が自由になる。概念で把握できるようになっていく。ほぼ七年ごとに、体のそれぞれの部分は新たなものになっていく。

魂による心・生命・体の変容

魂が心・生命・体に働きかけることによって、人間の仕事が始まる。魂はまず心への働きかけを始める。この自分への働きかけは「清め」と呼ばれる。心は二つに分けられる。働きかけられて浄化されたところと、そうでないところだ。魂が不屈に心に働きかけると、しだいに人間はよいことをするように自分に命じる必要がなくなり、よいことをするのが習慣になる。自分の命令に従うだけなら、魂は心に働きかけている。よいことを行なうのが習慣になると、魂は生命にも働きかけている。なにかが説明され、それを理解したとすると、魂が心に働きかけたのだ。心が繰り返し同じ活動をすると、生命に働きかけることになる。一度かぎりの理解は魂から心への働きかけであり、繰り返しは魂から生命への働きかけだ。生命の原則は繰り返しである。繰り返しがあるところには、生命が活動している。完結するのが心の原則だ。人間は魂から体に働きかけることもできる。それは最も困難な仕事だ。

体・生命・心への働きかけには、意識的な働きかけと無意識的な働きかけの二つがある。無意識的な働きかけは、自分ではそれと知らずに、芸術作品の鑑賞や、敬虔な思い・祈りによって働きかけていることだ。人間の心は、無意識的な部分と意識的な部分の二つからなっている。魂が無意識的な方法で働きかけた心の部分は「感じる心」と呼ばれる。魂が無意識的に生命に働きかけたものが「知的な心」だ。長期にわたって無意識的に体のなかで改造されたものが「意識的な心」である。ついで、意識的な働きかけが始まる。人間が意識的に心に働きかけてできたものが「精神的な自己」、人間が意識的に生命に働きかけたものが「霊化された生命」だ。意識的な呼吸によって、体は魂によって「霊体」へと改造される。

【別本による補足】

魂が心に働きかけ、欲望は高貴なものに変化する。人間が自ら心に働きかけて作ったものが「精神的な自己」だ。精神的な生活をとおして生命に働きかけ、自分の生命を支配することができる。その働きかけによって、生命のなかに永遠の生命が作られる。「霊化された生命」だ。呼吸を整

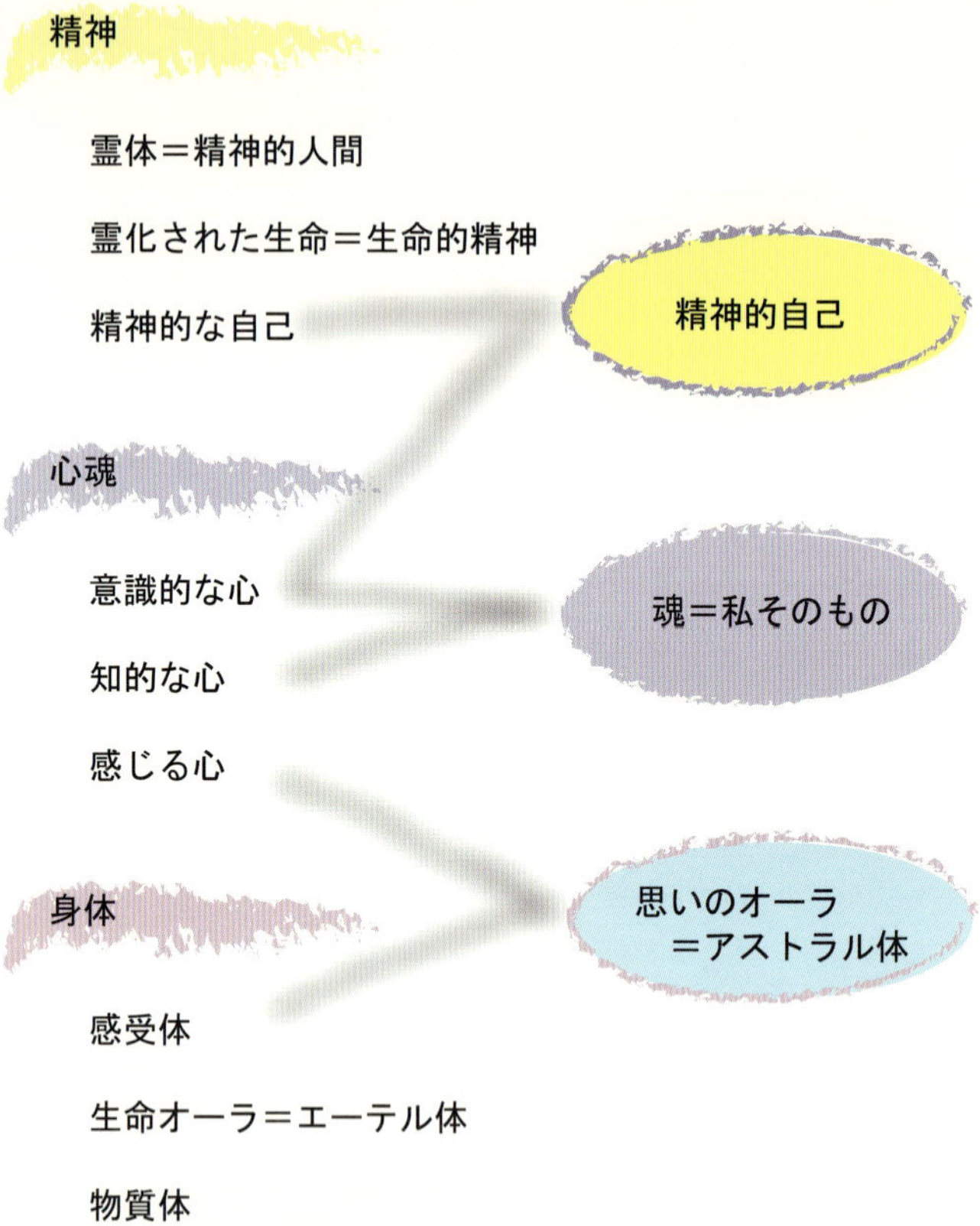

人間の構成要素（簡略図）１

※ｐ88、および巻末の解説をご参照ください。

え、血液循環を整え、神経の働きを整え、思考を整えることによって、体への働きかけがなされる。

＊

魂が心・生命・体に働きかけることによって、人間は進化していく。太古の人間は、自分の願望・欲望に従っていた。人間は自分の心に働きかけることによって、一歩進化する。心のなかに生きる思いを魂の支配下に置くと、それが「精神的な自己」だ。さらに進化すると、魂によって生命に働きかけることができる。記憶力をよくする、短気を柔和にする、憂鬱を沈着さにするなど、気質を変化させることには大きな意味がある。魂が生命に働きかけると、「霊化された生命」ができる。魂によって変容させられた生命だ。呼吸を変化させることによって、体が変化しはじめる。呼吸の変化によって血液の性質が変わる。現代人は無意識のうちに、魂によって心・生命・体を変容させている。無意識のうちに、「感じる心」「知的な心」「意識的な心」を生み出してきた。

眠りと目覚め

目覚めているときの人間と、眠っているときの人間を考察してみよう。意識が眠りに落ち、喜びと苦痛が沈黙するとき、何が生じているのだろうか。そのとき、心と魂は、体と生命の外にある。眠っているときの人間は、体と生命が寝床にあり、心と魂は外に出ている。

人間の心が夜、体と生命から出ていくのと同じ分だけ、神々の心が寝床に横たわる体のなかに入ってくる。神々の魂が入ってきて、血液の面倒を見る。そして朝、人間の心と魂が生命と体に帰ってくると、人間の心が神々の心を追い出す。夜のあいだ血液の面倒を見ていた神々の魂を、人間の魂が追い出す。人間の魂と心は夜、体と生命から去り、朝になると戻ってくる。

【別本による補足】

眠ると、寝床には体と生命がある。心と魂は体から離れていく。心が外にあるので、睡眠中の人間には意識がない。心は眠っている人間に働きかける。日中の体の疲労・消耗を、心は夜、回復させ、力を補充する。

＊

眠ると、心と魂が、体と生命から離れる。心は二つの螺旋が絡み合っており、一方の螺旋は体のなか、他方の螺旋は宇宙に広がっている。心が体から離れながら、生命と結び付いている状態で、夢が現われる。心は人間のなかで、知覚・思考する部分だ。心の本質は、宇宙の心からたずさえてきた印象と、物質的な活動から受ける印象に分かれる。心が地上から受ける影響によって、元来の調和は乱される。眠っているあいだ、心は地上の印象から遠ざかり、宇宙の調和のなかに入り込む。そして朝、夜のあいだに体験した若返りの余韻をたずさえて目覚める。

死の直後

生きているあいだ、生命は体と結び付いている。死ぬと、生命は体から離れる。

死の瞬間、過ぎ去った人生全体が一つの画像のように、死者のまえを通り過ぎる。生命は記憶の担い手であり、その記憶が解き放たれるからだ。生命は体のなかにあるかぎり、みずからの力すべてを展開することはできない。人が死ぬと、生命は自由になり、人生をとおして自分のなかに書き込まれたことを、体の束縛なしに展開できる。死の瞬間、生命と心と魂が体から抜け出し、記憶映像が心のまえに現われる。さまざまな出来事が同時に心のまえに現われ、一種の画像のように概観を示す。この記憶映像は客観的なものだ。

人間が生きているときに、眠りに陥ることなく起きつづけていられる時間の長さだけ、死後の映像は続く。回想の映像はそれくらいの長さ続き、そして、消えていく。

生命のすべてが解消するのではない。生命の精髄を、死者はたずさえていく。生命の精髄とともに、人生の果実もたずさえていく。

いまや人間は、生命の精髄と心と魂を有している。

【別本による補足】

人間が死ぬと、心と魂だけでなく、生命も体から離れる。死ぬ瞬間、生命および心と体との結び付きが、心臓のところで解かれる。心臓のところで光が輝き、生命・心・魂が頭を越えて出ていく。死の瞬間、人生すべてが大きな絵のように現われ、あっと言う間に通り過ぎていく。生命は記憶の担い手だ。生命が離れるときに、生命のなかに書き込まれていたものすべてが現われる。過ぎ去った人生の思い出は、死後すぐに現われ、生命が心と魂から離れるまで続く。死者の生命は徐々に宇宙生命のなかに解消していく。

＊

死の直後、生まれてから死ぬまでの人生が、壮大な記憶の映像として死者の心のまえを通り過ぎていく。この映像は、内的な体験が消し去られている。この映像のなかで、人生で生じた出来事が非常に速く流れ去る。やがて、心が生命から分離し、記憶像は消える。

記憶像が現われているあいだ、人間は自分が外へと広がっていく、という感情を持つ。自分の生命が拡大し、地球全体・太陽まで包み込むように感じる。

心霊の世界

心にとって根本的に新たな時期が始まる。地上への愛着から離れる時期が始まるのだ。心のなかに存在しているものは、死後、体を捨てるとともになくなるのではない。衝動・願望は、すべて存在しつづける。

体の喜びは心に付着しており、欲望を満たすための道具＝体がないだけなのだ。その状態は、おそろしく喉が乾いているのに、乾きを癒す可能性がまったくないのに似ている。欲望を満たすために必要なものがないので、その欲望ゆえに苦しむのだ。

これが心霊の世界の状態である。欲望を捨てていくところだ。ここで過ごす期間は、生まれてから死ぬまでの年月の三分の一の長さである。地上に結び付いている欲望がすべてなくなるまで、心霊の世界の期間は続く。

人間にとって、体のなかで体験することは意味のあるものだ。経験を積み、地上での行為をとおして、高みへと発展するからだ。

別の面では、生まれてから死ぬまで、発展の妨げとなるものを作る、おびただしい機会がある。人に負担をかけて自分本位の満足を手に入れたり、利己的なことを企てたりしたとき、私たちは自分の発展を妨げている。だれかに物質的な苦痛を与えても、心理的な苦痛を与えても、私たちの進歩の妨げになる。

心霊の世界を通過していくとき、人間は進歩の妨げを取り除く刺激を受ける。心霊の世界で、人間は自分の生涯を三倍の速さで、逆向きに体験していく。事物がすべて逆の姿で現われるのが、心霊の世界の特徴だ。心霊の世界を見るときには、すべてを逆にしなくてはいけない。

心眼が開けたとしてみよう。そのとき、まず自分が発している衝動や情熱が目に入るのだが、それらが様々な姿で、あらゆる方角から自分のほうに向かってくるように見える。すべてが逆に体験されるのだ。

ある人が六〇歳で亡くなり、心霊の世界で、四〇歳のときに人を殴った時点に到ったとしてみよう。そこで、相手が体験したことをすべて、自分が体験する。自分が相手のなかに入って、そのような体験をするのだ。そのように、自分の人生を誕生の時点へと遡っていく。

一つずつ、心の発展の妨げとなるものを、心は捨てていく。心の発展の妨げとなったものを埋め合わせる意志衝動を、心は受け取る。そして、心は来世で、その意志を実現する。

私たちは、自分の行為によって他人が感じたものを、心霊の世界で体験する。地上で苦痛として体験したものは、心霊の世界では喜びだ。記憶画像が与えることのできない、苦しみと喜びの遡行的な体験を心に与えるために、心霊の世界は存在する。

心霊の世界を生き抜くと、心の死骸が捨てられる。この死骸は、人間が魂によって清めず、秩序を与えなかった心の部分だ。衝動と情熱の担い手として人間が受け取り、魂によって手を加えず、精神化しなかったものは、心霊の世界を通過したのち解消される。

さらなる歩みにおいて、人間は心の精髄をたずさえていく。自分の力によって高貴にしたもの、美・善・道徳が心の精髄を形成する。心霊の世界の終わりに人間は魂であり、魂のまわりに心の精髄と生命の精髄、よい意志衝動がある。

【別本による補足】

心霊の世界は形と色からできている色彩の海だ。色は炎のように、自由に空気中を漂っている。心霊の世界には、イメージの満ち引きが見られる。色彩の満ち引きのように、この色彩の海は常に線と形を変えている。これらの色をとおして、神々が現われる。心霊の世界では、自分のまえに現われるものすべてが、鏡像のように逆に見える。邪悪な黒い姿は、自分の心のなかに生きる衝動・欲望・熱情だ。自分から出ていくものが、自分に向かってくるように見える。悪徳は魅力的な姿、美徳はみすぼらしい姿で現われる。だれかのことを悪く思うと、その人の心に向かって矢や稲妻が発せられる。人について真実を考えると、その人の生命を強め、嘘を語ると、相手に破壊的な作用が及ぶ。心霊の世界では、時間も逆に流れている。

心霊の世界に入ると、動物の群の霊魂を知ることになる。動物の意識は心霊の世界にある。動物の集団的な霊魂に出会うことによって、人間は動物的な心から独立する。人間は心霊の世界で、動物の霊魂と共同して、動物界を変化させる仕事をする。

楽しみと欲望は心的なものだ。だから、楽しみと欲望は死後も残る。欲望を満足させる体がなくなった心は、燃えるような渇きに苦しむ。欲望が満たされないことから生じる苦しみだ。次第に感覚的な欲望と望みを捨て、心が地上から解放・浄化されるために、このような苦しみを体験しなければならないのである。心が浄化されると、心霊の世界は終わり、人間は精神の国に上昇する。心霊の世界で、人間は自分の人生をもう一度生きる。死の瞬間から誕生のときまで、逆の順序で、生前の出来事を体験していく。誕生の時点に到ると、精神の国に達する。かつて他人を苦しめたことがあると、今度は、その苦痛を自分の心のなかで感じなければならない。心霊の世界にとどまるのは、人生の三分の一の長さだ。

*

地上で、心は体の器官をとおして、喜び・苦しみ・欲

求・衝動・願望を満足させる。死後、この器官は失われる。けれども、心に結び付いた欲望は残っている。そのために、心霊の世界で燃えるような渇きが生じる。地上の人生で体を超越している人には、心霊の世界の期間が短くなる。心霊の世界で過ごすのは、感覚的な情欲・欲望から遠ざかる期間だ。心霊の世界を通過するのは、通常、人生の三分の一の長さである。心霊の世界で、喜び・苦しみのすべてを逆のかたちで、もう一度生きる。他人に与えた快・苦を、自分のなかで体験しなければならない。死の直前の体験から始まって、三倍の速さで、誕生までを逆に体験していく。生涯のうちで関係のあった人々すべてのなかに入り込んで、それらの人々に対して行なったことを、相手の側から体験するのだ。

　心霊の世界を通過すると、心の高貴な部分を、低次の部分から取り出すことができる。取り残された心は死骸になる。高貴なものにできなかった、低次の衝動・本能だ。この死骸は心霊の世界を漂い、有害な影響を与える。この心の死骸は、次第に消えていく。自分の性向・激情を放置していた人の場合、心はゆっくりと消え去っていき、生まれ変わりへの途上にあるときに、まだ心の死骸が消え去っていないこともある。その場合、前世の不完全さを含んだ心の死骸が、新しい心のなかに入り込む。

精神の国

新しい状態が始まる。苦悩から解放された、精神の国での魂の生活だ。

地上には私たちが歩む陸地があり、水があり、空気があり、すべてに熱が浸透している。精神の国の陸地には、鉱物すべての形態が含まれている。地上の鉱物があるところは何も見えず、空《から》になっている。そのまわりに霊的な力が、生命的な光のように存在している。

精神の国へと上昇する意識にとって、物質は本質的なものではなく、そのまわりに見える力が本質的なものだ。鉱物の結晶は陰画のように見える。地上の物質形態のなかに存在するものが、精神の国の大陸を作っている。

地上の植物・動物・人間の生命すべてが様々な存在に分配されているのが、精神の国の海・川のように見える。

人間と動物の感じるものから、精神の国に大気圏が形成されている。心のなかに生きるもの、苦痛・喜びが、精神の国の空気を作る。すばらしく好ましい音が、精神の国の大気を貫いている。

地上の陸地・海・空気に熱が浸透しているように、精神の国の三つの領域に思考が浸透している。思考は精神の国で、形態・本質として生きている。精神の国で人間が交流できる存在たちが、熱のごとく、精神の国全体に満ちている。

人間が心霊の世界で物へのつながりを捨てた分だけ、意識が明るくなる。物への願望が強ければ、死後の生活において意識が曇る。物への執着をなくしていくにつれて、曇っていた意識が明るくなっていく。そして、精神の国を人間は意識的に体験する。

精神の国における最初の印象は、過ぎ去った人生における自分の体を、自分の外に見ることだ。この体は、精神の国の陸地に属する。

死後、人間は体の外にいる。精神の国に入るとき、体の形態を人間は意識する。こうして、「私はもはや地上にはいない。私は精神の国にいる」ということが明らかになる。

地上では、生命は数多くの存在に分配されている。精神の国における生命は、一個の全体として現われる。すべてを包括する一個の生命が、精神の国に現われている。人々を結び付けるもの、調和するものを、人間は精神の国で体験する。

人間が地上で抱く喜びと苦しみは、精神の国では風・気候のように現われる。かつて体験したことが、いまや大気圏として人間のまわりに存在する。

【別本による補足】

高次元の世界から力を受け取り、人間がどこから来てどこへ行くのかを知り、自分が不可視の世界の創造物であることを知ると、確かさが得られる。地上・心霊の世界・精神の国は、たがいに離れているのではない。私たちが生きている空間のなかに、心霊の世界も存在する。私たちは地上に生きていると同時に、心霊の世界と精神の国のなかにも生きている。

イメージと色彩の世界のなかに、精神の国の音楽が響いてくる。地上を成り立たせているのは、天の力だ。

心霊の世界から精神の国に入ると、自分の物質的な姿が外に見える。精神の国は音を発する世界だ。精神の国では、あらゆるものが陰画のように見える。物質のあるところは、なにも見えない。すべては補色で見える。第一領域（精神の国の大陸）には、物質の原像がある。鉱物の原像、植物・動物・人間の物質形態の原像がある。人間が物質的に満たしているところは暗く見え、そのまわりを光が覆っている。第二領域（精神の国の海）には、生命の原像がある。

生命が精神の国を流れている。第三領域（精神の国の大気圏）には、感情・感受・快・苦のなかに生きるものが存在している。第四領域には、思考のなかに生きるものが含まれる。この四領域を通過すると、精神の国の境に到る。この境に宇宙の記憶がある（精神の国に達すると、宇宙の記憶が見えはじめる）。

精神の国の下部領域＝有形天に植物群の意識・霊魂があり、上部領域＝無形天に鉱物界の意識・霊魂がある。下部領域で、人間は植物群の霊魂とともに、植物界を変化させる。

＊

精神の国の大陸には、地上にある物質すべてが霊的実体として見出される。人体の周囲が光を発し、体がある部分は空白の陰画、陰のように空虚な空間になっている。精神の国の第二領域は大洋だ。春の桃の花のような色の生命が、

精神の国上部
＝無形天

第7領域　原像の想像力の世界
第6領域　宇宙の意図の世界
第5領域　精神的自己の故郷～カルマの展望が開ける

精神の国下部
＝有形天

第4領域　思考の原像の世界
第3領域　心魂の原像の世界「大気圏」
第2領域　生命の原像の世界「海洋」
第1領域　物質の原像の世界「大陸」

～「精神の国（天国）」は思考を素材に織りなされている～

心霊の世界上部

第7領域　心魂の生命の世界
第6領域　活動的な心魂の世界
第5領域　心魂の光の世界

心霊の世界下部

第4領域　快と不快の世界
第3領域　願望の世界
第2領域　流れる刺激の世界
第1領域　欲望の炎の世界

～「心霊の世界（霊界）」は心的な素材から織りなされている～

地上の私たち
物質界＝感覚界

規則正しく流れている。精神の国全体を、流動する生命が貫いている。第三領域には、物質界で私たちの内面にある知覚・感情・快・苦・喜び・悲しみが、外に存在している。第四領域には、地上で行なわれることの原像が存在する。

地上で考えたこと、地上で体験した感情すべてが、精神の国では事物の姿をとって現われる。死者は、まず自分の体の原像を見る。自分の体を、自分の外にあるものとして死者は見る。このことによって、死者は自分が心霊の世界から精神の国に歩み入ったのを知る。地上で抱いた感情すべてが、精神の国で自分の周囲に見出される。それらは心に働きかけ、心の器官を創造する。

人間は同じ様相の地上に二度生まれることはない。神々の指導下に、人間が天から、地球の変容のために働きかけている。死者は光で織られた体を持っている。地上に注ぐ光が、精神の国に住む死者たちの素材だ。死者たちが光として植物に降り注ぎ、植物の周囲を漂う。

地上で作られた人と人の関係は、精神の国でも続く。故人に愛の思惟を送ると、亡くなった人との関係を深めることができる。もう体という桎梏《しっこく》に捕らわれていないことが、至福の感情を生み出す。

輪廻

地上で知覚器官は、外的な素材によって作られる。私たちの体は、周囲から作られたものだ。

精神の国では、周囲から霊的な器官が人間に形成される。精神の国で、人間は絶えず何かを周囲の生命から受け取り、周囲の要素から霊体を作る。人間は自分を絶えず生成するものと感じ、自分の霊体の様々な部分が次々と発生していくのを感じる。この生成を、人間は精神の国を遍歴する際に至福と感じる。

人間は精神の国で、自分の元像を作る。死後、精神の国に滞在するたびに、人間はそのような元像を作ってきた。地上の人生の果実として、精神の国にもたらす生命の精髄が、そのなかに取り込まれていく。

この元像が凝縮して、物質的な人間になる。人間は過ぎ去った人生の精髄を精神の国にたずさえていき、それに従って新しい自分を作る。

人間が地上に生まれるたびに、地表は変化している。地球は新たな文化と状態を人間に提供する。心は、新しいものが学べるまでは、地上に下らない。自分の新しい元像を構築するために、人間は生まれ変わるまでの時間を必要とする。この元像は構築されると、地上にふたたび現われようとする。

生まれ変わるべき時期が来ると、人間は精神の国で作った元像に従って心をまとう。そして人間は、神々によって両親へと導かれる。その元像に適した体を与える両親のところへ導いていく神々を、人間は必要とする。それらの神々は、その元像に最も適した民族・人種に人間を導いていく。両親が与える体は、生まれようとする心と魂におおよそしか適さないので、体と心のあいだに、神々によって生命が入れられる。生命をとおして、地上的なものと天から与えられたものとが適合する。

ふたたび地上に生まれるとき、人間は死後とは逆の道をたどる。まず心をまとう。ついで生命、最後に体をまとう。

人間は生命を得るとき、これから入っていく人生を予告する画像を見る。その予告の画像は、生命が組み込まれるときに現われる。

【別本による補足】

死後、心のまえに現われた記憶像は、生命が心から離れる瞬間に消え去る。像は消え去るが、成果は残る。過ぎ去った人生の収穫が力のエキスとして、心のなかにとどまる。二一六〇年経つと、地上の状態は一変する。二一六〇年経つと、天界の人間は新しいものを体験するために、ふたたび地上に生まれる。二一六〇年間に二回、一回は男、一回は女として生まれる。

精神の国の第一領域では、地上に物質的に存在しているものが陰画の形で見える。ここで、人間は前世のイメージを訂正し、来世の体のイメージを作り出す。第二領域には、赤みがかった藤色の生命の流れが、植物形態から植物形態へ、動物形態から動物形態へ、川の流れのように脈打っている。第一領域で作った形態に生命を与えるために、この生命の流れが用いられる。第三領域では、かつて自分のなかにあった情熱・感情・愛情が、天候のように、まわりに現われる。ここで、第一領域で作った体に心が吹き込まれる。

中心が黄色で、赤や青など、さまざまな色に包まれた鐘の形をしたものが、心霊の世界を飛ぶように駆け抜けていく。これが誕生への途上にある、人間の萌芽だ。自分の両親になる人を探して、疾走している。よい前世を送った人と、そうでない人とでは、異なった心の実質を集める。神々が人間の萌芽を両親のところに導き、心に適した生命、両親が提供する体に適した生命を作る。生まれる直前に、人間は来たるべき人生を前もって見る。

＊

人間は精神の国から心霊の世界に下っていき、新しい心を付与される。分散している心の実質は、前世で心が獲得したものに合った諸力に引き付けられ、形を整えられる。心のみを有して地上に下っていく人間は、鐘のような形に見える。生まれようとする人間は、心に適した生命と体を与えてくれる両親を探して駆け巡る。心に生命を組み入れるのは、民族神に似た存在だ。生命のなかに入りながら、まだ体とは結び付いていないあいだに、人間は来たるべき人生を前もって見る。

人間は自らの性質をとおして、心をまとう。心のなかにあるものをとおして、地上の特定の存在への引力を持つ。生命をとおして、人間は民族・家族に引き寄せられる。心は母親に引き寄せられる。魂は父親に引き寄せられる。妊娠後三週間までに、心と生命は胎児に結び付き、活動を始める。子どもは生まれる前から、母親に愛情を抱いている。子どもは自分に最もよく似た両親のところに生まれる。地表が変化して、新しいことを体験できるには、一〇〇〇～一三〇〇年を要する。太陽が黄道十二宮の一つを通過するのに要する二一六〇年のあいだに、一度は男、もう一度は女として生まれる。

愛に満ちた思考を放つと、その思考は萼《がく》のような形の光になって、生命と心の上に愛情のこもった仕方で漂い、活気と祝福を与える。憎しみのこもった思考は矢のように生命と心に突き刺さる。嘘を語ると、その思考の形象は事実から発した形象と反発しあい、相互的な破壊作用が生じる。性向・気質・性格など、継続的なものはすべて、精神の国まで輝き入る。私たちの思考が生み出す形象は絶えず、精神の国の明暗を変化させ、さまざまな素材・実質をもって精神の国を貫く。人間が考え・感じ・知覚したものは、心霊の世界に組み込まれる。かつて多くの真実を考えたなら、転生への過程で優れた心を獲得できる。有形天で気質などとして組み入れられるものは、新しい生命オーラを構築する。人間が行なった行為は、宇宙の記憶が存在する最高天の力とともに、自分がどこに生まれるか、決定する。特に内面に触れることなく外界で体験したことは、生まれ変わるに際して心に作用し、その体験に適った感情・知覚・思考の特性を引き寄せる。体験・経験は来世で心に刻印される。人間が知覚し、感じたもの、快・苦、心の内的体験は再受肉に際して生命に作用し、永続的な性向を生み出す。

現世で生命に担われている持続的な性格・素質は、来世で体のなかに現われる。愛・共感を発達させると、いつまでも若い体に生まれる。反感・批判・憎しみに満ちた人生を送った人の体は、早くから年老いる。苦痛・苦悩を克服すると、来世で、その苦痛・苦悩が叡智・思慮・洞見の源になる。苦痛を静かに耐えると、来世で叡智が創造される。心のなかに生きる喜び・痛み・快さ・苦しさは、来世で生命のなかに現われる。生命に根付いた永続的な衝動・情熱は、来世で体のなかに体質として現われる。地上で体を用いて行なったことは、外的な運命として来世に現われる。心の持ちようが精神的か物質的かによって、来世のあり方が変わる。人類が精神的になれば、心の病気はなくなっていく。

原因と作用が、人生から次の人生へと伝播していく。自分がきょう体験するものは、かつての人生に原因がある。

自分がきょう行なうことは、来世における自分の運命を作る。「原因のないものはない」というのが真実であるように、「作用を引き起こさないものはない」というのも真実だ。

地上での私たちの行為と、来世における私たちの外的な運命は関連している。前世の行為が、外的な運命を定める。人間は多くの表象・概念・感情・経験を受け取る。人間は多くのことを学ぶ。そのことをとおして、人間のなかに変化が生じる。それらすべてが、心を変化させる。気質や性格は生命に関連しており、ゆっくりとしか変化しない。心を変化させる表象・感情などは、来世で生命のなかに変化を呼び起こす。生命の特性である気質は、前世に由来するものだ。胆汁質の人は強い意志を持ち、勇敢・大胆・意欲的で、多くのことをしようという衝動を持っている。憂鬱質の人は、自分自身に関わり合う。粘液質の人は、なにに対しても興味を抱かない。空想に耽り、不活発・不精で、感覚的な快楽を求める。多血質の人は、あらゆるものに興味を刺激されるけれど、長続きしない。すぐに気が変わり、しばしば好みを変える。前世で小さな社会サークルのなかに生きることを強いられ、いつも自分のことだけに関わり、ほかのものに対する関心を目覚めさせることができなかったときに、特に憂鬱質が現われる。反対に、前世で多くを学び、多くのものごとに出合い、それらに熱心に関わり合った人は胆汁質になる。苦労や闘争のない、ゆったりした人生を送った人、あるいは、多くのことが生じても、それを見ているだけで、関わり合いにならなかった人は、それが来世で生命の基本的な本性に移行し、粘液質か多血質になる。生命のなかで進行することは、来世で体のなかに存在するようになる。いまの生命の性向と習慣は、来世において健康あるいは病気の素質になる。ある人生における病気は、つぎの人生における体の美しさとして現われる。美は苦悩・苦痛・欠乏・病気から発展する。だれかが他のだれかに何かをしたら、その二人のあいだで、その清算がなされなくてはならない。そのためには、当事者がふたたび同じ時代に生きなくてはならない。悪いことをした人は死の直後、まずその出来事を目のあたりに見るのだが、そのときは自分が人に与えた苦痛を感じない。けれども、心霊の世界に入って、人生を逆にたどっていくときに、ふたたびその出来事に遭遇する。今度は、人に与えた苦しみを、自分が体験しなくてはいけない。自分が苦痛を与えた人のなかに入って、その出来事を体験するのだ。自分が苦痛を与えた人の感情を味わう。その感情は心のなかに刻印される。その苦痛から、収穫が得られる。ほかの人のなかで体験したものの成果として、力がその人のなかにとどまる。そうして、多くの力をもって精神の国に入っていく。その力は、ふたたび地上に生まれたときに、かつて何かをともに体験した人々すべてに出会わせる力として働く。

熱惑星期

体は人間の最も古い部分であり、最も完成されたものだ。人間だけでなく、地球も進化しており、地球は何度かの転生を経てきている。最初は熱状態、ついで空気状態、その次には水状態だ。

宇宙の熱状態期＝熱惑星期には、熱だけがあった。熱惑星は響きを発し、外から来る光・音・匂い・味を反射していた。熱惑星で、人間の体の萌芽、感覚器官の萌芽が形成されていった。生命・心・魂は、まだなかった。鉱物・植物・動物もいなかった。

熱惑星期の人間の意識は漠然としていたが、包括的なものだった。昏睡意識、今日の鉱物の意識だ。

熱惑星期の最初の段階では、物質的な熱はまだなく、心的な熱があった。熱惑星の進化の中期に、熱から人間の体が形成された。〈意志の神々〉が自らの本質を、人体のために流出したのだ。ついで、〈人格の神々〉が人体に宿って、人間段階を通過した。そのあと、すべてが宇宙の眠りに入っていく。

【別本による補足】

体は人間の最下位の部分だが、最も完成した部分だ。体が最も長い進化を経てきたからだ。生命はまだ完成していない。心は進化の途上にある。最も進化していないのが魂だ。地球は四度の転生を経てきている。熱状態・空気状態・水状態・土状態だ。この四つが顕現状態であり、それぞれの合間に消滅期がある。

今日の人間の意識は、目覚めた昼の意識だ。熱状態期には、朦朧とはしていても、宇宙の全知を開示する意識を、人間は有していた。今日、鉱物がこの意識を有している。空気状態期には、人間は眠りの意識状態にあった。今日、植物がこの意識を有している。水状態期には、人間は形象意識を有していた。形象・色彩像が人間のまえに漂っていた。今日では、内面から声を発することのできない動物が、この意識を有している。

地球が熱惑星だったころ、人間の最初の萌芽だけがあった。この人間の姿はオーラの卵のようだった。そのなかに小さな西洋梨のような形態があり、閉じた牡蛎の殻のような渦巻きがあった。熱惑星は輝きを発せず、響きを発していた。熱惑星は最初、無形態状態であり、ついで霊的形態状態・心的状態・物質状態になり、ふたたび心的状態・霊的形態状態・無形態状態になっていく。惑星には、このような七つの周期がある。

熱惑星上には人間の体しかなく、心的・生命的な大気圏のなかに魂が眠っていた。魂は高みから体に働きかけた。熱惑星は、外からやってくる光・音・匂い・味を反射した。大気圏のなかに生きていた魂は自分の本質を熱惑星に投げ入れ、そのことによって熱惑星上に発生したイメージから、感覚器官の萌芽が作られていった。魂は昏睡状態にあり、自らを下方へと投げ入れながら、その反射については何も知らなかった。魂は朦朧とした意識のなかで、宇宙全体を自分の内に感じ、宇宙全体を反射していた。人間の心は、神々の知覚器官だった。熱惑星の内部は暗く、最後に、いくらか光り輝いた。

熱惑星で、人間は感覚器官の萌芽のみを有していた。目や耳が形成され、喉は存在したが、話すことはできなかった。熱惑星に続く空気惑星において生命が付加され、栄養摂取と成長に関与する分泌器官・腺・生殖器官・生命器官が加わった。その次の水惑星で心が加わり、神経組織が生まれた。神経組織は、今日の脳にまで進化した。そして、魂が血液を組み入れた。

熱惑星で人間段階にいた存在は、今日の人間のように自立して活動していた。この存在が、熱惑星の表面を自らの魂で照らした。この存在が〈人格の神々〉だ。

空気惑星期

宇宙の眠りのあと、熱惑星が新しい形態のなかに出現した。空気惑星だ。空気惑星は、最初に熱惑星状態を短く繰り返した。空気惑星期の中期に、熱惑星の熱は空気へと凝縮した。空気惑星は熱を保ち、空気を発展させた。光が生まれ、空気惑星は輝き・響き・香りを発していた。空気惑星は周囲から注がれる光・味・匂い・熱を、自分のなかに浸透させてから反射した。空気惑星で〈叡智の神々〉が自らの実質を注ぎ出し、人間に生命が注ぎ込まれた。

人間は今日の植物の段階に達した。生命が組み入れられたことによって、人間の体も変化した。栄養摂取器官・分泌器官・消化器官・生殖器官が加わった。体は、いまや振動する熱の卵であり、輝いたり消えたりする。

空気惑星期に、〈炎の神々〉が人間段階を通過した。〈炎の神々〉は人体に宿って、個我意識を得た。

熱惑星期に人間段階・個我意識に到らなかった〈人格の神々〉がいた。この神々は空気惑星期に、遅れを取り戻さなければならない。この神々は空気惑星で、生命に浸透されていない体にのみ宿れた。だから空気惑星に、もう一度、体のみからなるものが発生しなくてはならなかった。それが今日の動物の祖先だ。

【別本による補足】

熱惑星は宇宙の夜のなかに消え去ったあと、眠りの状態から空気惑星として再び現われた。人間は殻のような形態を分離し、精妙な素材を自分の内にとどめて進化した。こうして、人間は自分から鉱物を放出したのだ。人間は空気惑星で、生命が加わるように進化した。人間は空気惑星で、植物の段階を通過したのだ。植物と人間は上下が逆になっている。空気惑星上の人間は、頭を惑星の中心に向けていた。空気惑星は光エーテルから成り立っていた。空気惑星の第一周期は、熱惑星の繰り返しだった。第二周期に、人間の進化が始まった。第七周期まで進化すると、空気惑星は宇宙の夜のなかに消え去る。

空気惑星で、人体は生命に貫かれる。生命はすでに空気惑星上にあったが、心は空気惑星の大気圏にあり、魂は空気惑星の巨大な心のなかに組み込まれていた。生命が体に浸透し、体に働きかけた。人体は生命を得たことによって、腺・成長器官・生殖器官・栄養摂取器官を形成していった。成長器官・生殖器官は、生命に把握されて変化した感覚器官だ。空気惑星は周囲から注がれるものを、自分のなかに浸透させたのちに反射した。光だけでなく、味・匂い・熱を浸透させて、反射していた。空気惑星は壮麗に輝き、荘厳な響きを発し、高貴な香りを放っていた。熱が空気惑星を取り囲んでいる。熱が濃密化したものが空気惑星を形成し、濃密化しなかった部分は火の海になった。空気惑星で人間段階に立っていたのは、この火を呼吸する〈炎の神々〉だった。

各々の惑星期に、進化から取り残される神々がいる。空気惑星でも、熱惑星の段階にとどまった存在がいた。空気惑星は、宇宙に光を放つ部分と、光を発しない部分に分かれる。空気惑星のなかにあった熱惑星の名残りの痕跡が、今日の太陽の黒点だ。熱惑星上の存在は、空気惑星において植物存在へと進化した。熱惑星段階にとどまったものは、空気惑星における鉱物界になった。

水惑星期

空気惑星は、水惑星として生まれ変わる。水惑星は、まず熱状態・空気状態を繰り返し、体と生命が形成された。それから、水が付加された。やがて、太陽が熱と光を伴って、水惑星から出ていった。高次の存在も、水惑星から出ていった。水惑星は、太陽のまわりを回るようになった。水惑星は音に浸透され、規則正しい動きをもたらされた。形姿とリズムを体験することによって成熟した体は、心を受け取った。〈動きの神々〉が、自らの実質から、人間に心を流出したのだ。人体に神経組織が発生し、人間は動物段階に達した。

水惑星期に人間段階を通過したのは〈薄明の神々〉だった。

空気惑星期の段階に取り残された〈炎の神々〉は、体と生命しか持たないものを作った。それが今日の動物界の祖先だ。水惑星期に体しか有していなかった存在たちは、今日の植物界の祖先である。

植物的な性格を持った鉱物、鉱物的な性格を持った植物が、水惑星の固体・液体状の土壌を形成した。水惑星は動的・生命的であり、その上に生きる存在たちは、自分を寄生動物のように感じていた。

水惑星期に、人間は外的な事物を知覚しなかった。人間が知覚したのは、生命を有した夢のイメージのごときものだった。内的に上昇・下降する、生命を有したイメージだ。このイメージは外界と関連しており、人間はそれらのイメージに導かれていた。心は、体と生命を遥かに越えて聳えていた。

水惑星期に、人間は内的な熱をまだ有していなかった。人間は周囲にある熱を受け取り、その熱をふたたび流し出していた。


【別本による補足】


空気惑星は宇宙の夜のなかに消え去り、水惑星として再び現われる。水惑星の第一周期に、熱状態が繰り返される。第二周期に、空気状態が繰り返される。

第三周期に、太陽が水惑星から分離して現われた。水惑星から分離した太陽は、最良の素材と存在を引き出すことによって、恒星になった。水惑星は、今日の地球と月を合わせたものだ。水惑星は太陽のまわりを巡った。太陽のまわりを一周するあいだに、一回自転した。

第三周期に人間は、体と生命に加えて、〈動きの神々〉から心を得た。人間は動物段階に達したのだ。水惑星で人間は、心を得た結果、形象意識を獲得した。心が体に働きかけることによって、神経組織の萌芽が生じた。人間は鉱物を分離することによって植物段階に達し、植物を分離することによって動物段階に到ったのだ。

水惑星の土壌は泥炭沼のようだった。水惑星上の植物界は感覚を有していた。人間は火の霧を呼吸していた。人体は縄のようなもので大気圏とつながっており、火の空気から血液が体のなかに入ってきた。血液が付与されることによって、人間は心的な体験を音声で表現できるようになった。それは個人の感情ではなく、人類の生殖衝動の叫びだった。血液を人体に流し込んだのは集団の神霊存在、今日でいう民族神である。

水惑星は植物鉱物のような存在だった。水惑星の大気圏のなかに人間の魂があり、霊的な実質のなかに埋まって、体に働きかけていた。水惑星上には、心を受け取らずにとどまった存在や、熱惑星状態にとどまった存在もいた。水惑星で人間段階にあったのは〈薄明の神々〉である。

第五周期に、太陽と水惑星はふたたび合体する。太陽と合体した水惑星は、宇宙の夜のなかに沈んでいく。

ポラール時代とヒュペルボレアス時代

水惑星は宇宙の夜のなかに消え去り、宇宙の夜から地球が出現する。地球は自らの内に、太陽と月を含んでいた。このころの地球はエーテル状で、今日の土星の軌道ほどに大きかった。地球は霊的な大気に包まれ、人間の心は上空にあって、地上の人体形姿に働きかけた。地球は最初に、熱状態期・空気状態期・水状態期を繰り返した。そして、人体に血液が組み込まれた。

熱惑星状態の繰り返しのあいだに、地球から土星が分離した。空気惑星状態の繰り返しのあいだに、木星と火星が分離した。ついで水惑星状態が繰り返され、太陽が地球から分離した。太陽は、地球から分離したあと、水星と金星を放出した。

太陽と月と地球がまだ一体であった時代がポラール時代、太陽が地球から出ていった時代がヒュペルボレアス時代である。ヒュペルボレアス時代の人体は鐘の形をしており、上方の太陽に向かって開かれていた。ヒュペルボレアス時代の人間は、子どもを生むと、すぐに自分の心が子どもの体のなかに入っていったために、死を経験しなかった。

【別本による補足】

太陽と水惑星がふたたび一体となって、宇宙の夜のなかに沈んだあと、土惑星＝地球が輝きはじめた。熱惑星状態・空気惑星状態・水惑星状態が繰り返される。

月と地球を内包した太陽がふたたび輝いたとき、太陽の周囲にいた存在たちが、人間の心を形成した。魂が心と生命に植え込まれた。この魂は体と調和しなかった。魂が体と調和できるように、熱惑星状態・空気惑星状態・水惑星状態が繰り返された。この繰り返しをとおして、体は魂を受け入れるのにふさわしいものにされた。

＊

宇宙の夜のなかに消え去った水惑星は、土惑星としてふたたび現われる。地球だ。地球の第一周期に熱惑星状態、第二周期に空気惑星状態、第三周期に水惑星状態が繰り返される。第三周期には、太陽と水惑星が分離し、また結合した。第四周期に、太陽と水惑星が結合した状態で、地球は出現する。火星が地球を通過し、地球は鉄分を得た。今度は、水星が地球を通過することになる。

太陽および月と合体した姿で現われた地球は、エーテルからできていた。霊的な大気が、地球を包んでいた。人間の心は、この大気のなかにあった。この霊的な実質のなかに人間の心が存在し、エーテル球のなかには殻のような形の人体の萌芽があった。霊的な大気から触手が伸びて、殻を包み、人間の形姿を作っていった。それは、響きを発する人間形姿だった。やがて、このエーテル球から太陽が分離した。地球は太陽に照らされ、人体に目ができた。人間形姿は、上方の太陽に向かって開いた鐘の形をしており、アストラル的な覆いから伸びる触手によって生殖が行なわれた。ヒュペルボレアス時代だ。全体的な意識がアストラル的な覆いのなかにあり、個人の意識は、死によって体から抜け出ると、すぐに別の体のなかに入った。意識の中断はなく、衣装を変えるようなものだった。

レムリア時代

太陽が分離したあと、地球にとって重苦しい時代が始まった。地球は、まだ月と結び付いていた。生命を阻止する力は、おもに月のなかに働く力に属している。この力が当時、地球のなかで強力に作用していた。最も強い心だけが、御しがたい体に打ち勝ち、地上に生きた。レムリア時代だ。

レムリア大陸の気温は非常に高く、地球全体が火のような、液体のような状態で、火の海があった。地球は火の霧に包まれていた。火・液体状の地球から、島が形成されていった。

人体を形成していた実質は、まだ柔らかく、ゼリーのようだった。月が分離していくにしたがって、徐々に人体の改善が行なわれた。魚・鳥のような姿だったレムリア大陸の人間は、直立するようになった。脳が発達し、人間は男女に分かれた。そして、人間は死から再誕までのあいだ、心霊の世界と精神の国に滞在するようになった。

地球で人間に魂を注ぎ込んだのは〈形態の神々〉だ。月が分離したレムリア時代中期になって、魂が人間のなかに入ってきた。海と陸が分かれ、人間が空気を吸うことによって、魂が人間のなかに入ってきたのだ。

レムリア時代に人間の心に働きかけたのが、堕天使ルシファーだ。ルシファーは人間を、神々の予定よりも早く、物質界に引きずりおろした。ルシファーが人間の心に働きかけたことによって、神々のみが働きかけていたら受け取っていなかったはずの衝動・欲望・情熱が、人間に植え付けられた。人間は神々から離反する可能性、悪を行なう可能性、そして自由の可能性を得た。

自然法則と人間の意志は分離していなかった。人間の邪悪な情欲は自然に働きかけ、火の力を燃え立たせた。多くの人々がルシファーの影響を受けて、悪へと傾いたことによって、レムリア大陸に火の力が燃え上がった。レムリア大陸は、荒れ狂う火によって没落する。

【別本による補足】

地球と月が分離し、太陽・月・地球という三つの天体ができた。月は、人間の生殖力の半分を持ち去った。人間に残された生殖力は二分され、人間は男と女に分かれていく。男女による生殖が始まる（もともと人間は女性であり、月の分離以後、男女に分かれた。男の体は太陽から、生命は月から影響を受けた。女の体は月から、生命は太陽から影響を受けた。女には子孫を同じ容姿に生み出す傾向があり、男には個体化を要求する傾向があった。かつては、子どもは親の継続であり、意識は中断されなかった。太陽と月が地球から分離したあと、不死はなくなった。人間の意識は生まれるまえと死んだあと暗くなり、死から再誕までのあいだ天界に滞在するようになった）。そして人間に、しだいに骨が形成されていった。人間は魚・鳥のような姿をしており、液体状の地球は非常に高温だった。その水要素のなかに、島が形成されていく。地球全体に火山活動が見られた。人間には浮袋があり、背骨が組み込まれていった。やがて水が引き、陸と海が分かれた。空気が現われ、浮袋が肺になった。鰓は聴覚器官になった。人間は温血を有し、空気をとおして人間のなかに魂が入った。空気呼吸をとおして、魂が人間のなかに入ったのだ。水惑星期に進化を遂げられなかった神々が、半神としてレムリア大陸に生きていた。この半神たちは、情熱・衝動の場である人間の温血のなかに宿った。これらの半神＝ルシファーは誘惑者だ。ルシファーが血液に宿ったことによって、人間は叡智と理想への情熱を持った。同時に、人間は迷う可能性を得て、高みから目をそらし、善悪を選択できるようになった。レムリア大陸の人間は悪の可能性を持ち、そのため、地球は震動した。人間の激情によって、レムリア大陸は崩壊した。

＊

月の放出とともに、陰鬱な力は去った。漂うように動いていた人間は、徐々に直立していった。人間が直立するとともに、脊髄が脳に拡張した。火の霧が沈殿していき、人間は浮袋から変化した肺で呼吸するようになった。人体は両棲類・爬虫類の段階にあった。かつて火の霧に包まれていた地球は、いまや希薄な覆いを有し、泡立つ火の海があった。そこに小さな島が現われてきた。鉱物界の萌芽だ。レムリア大陸の温和な人間の意志は火を鎮め、陸地は沈殿していった。激しい人間の意志・情欲は火の塊を荒れ狂わせ、地表を引き裂いた。こうして、レムリア大陸の大部分が崩壊した。

アトランティス時代

助かった人々は西に向かい、アトランティス大陸に行った。霧の国だ。アトランティス時代前半には、人体はまだ柔らかく、心の意のままになった。アトランティス大陸の人間のうち、愚かで感覚的であった者は巨人の姿になった。より精神的な人間は、小さな姿になった。そして、アトランティス時代に言語が発達した。

進化から逸脱した霊的存在アーリマンが、アトランティス時代中期から、物質のなかに混ざり込んだ。物質は煙に浸透されたように濁り、人間はもはや神を見ることができなくなった。アーリマンは人間の魂を濁らせ、天界を人間の目から隠す。

人間の内面・心を惑わせようとするルシファーと、外から人間に向かってきて、外界を幻影つまり物質として人間に現われさせるアーリマンがいるのだ。ルシファーは内面で活動する霊であり、アーリマンはヴェールのように物質を精神的なものの上に広げて、天界の認識を不可能にする。

アトランティス人は記憶力が発達しており、先祖の体験したことがらを明瞭に記憶していた。アトランティス時代後期に、生命の頭と体の頭が一致することによって、自己意識が発生した。アトランティス時代の終わりには、二種類の人間がいた。第一に、アトランティス文化の高みに立っていた透視者である。彼らは魔術的な力をとおして活動し、天界を見ることができた。第二に、透視力を失い、知性・判断力を準備した人々がいた。彼らは計算・概念・論理的思考などの萌芽を有していた。

アトランティス人は意志によって種子の力、空気と水の力を支配できた。アトランティス人の意志が邪悪なものになり、心の力を利己的な目標に使うようになったとき、彼らは水と空気の力も解き放った。こうして、アトランティス大陸は崩壊する。

アトランティス大陸には秘儀の場があり、そこでアトランティス大陸の叡智が育成された。さまざまな惑星から下ってきた人間の心にしたがって、七つの神託が設けられた。太陽神託の秘儀参入者は、魔術的な力をもはや有していない素朴な人々を集めた。そのような人々が、アトランティス大陸の沈没から救出され、新しい時代を築いていく。

【別本による補足】

アトランティス大陸はヨーロッパ・アフリカ・アメリカのあいだにあった。アトランティス大陸の人々の生命オーラの頭の部分は体の頭の部分をはるかに越え出ていた。アトランティス大陸の人々は柔軟な体をしており、強い意志を持っていた。手足を切り落とされても、作り直すことができた。彼らは漠然とした透視力を有しており、神々と交流していた。体の頭と生命の頭が結び付いていなかったために、彼らは計算・論理的思考ができなかった。その代わりに、記憶力があった（人間は、体の頭と生命の頭が重なるときに、自己意識が生まれる。論理的な能力と自己意識は、アイルランドあたりに住んでいた、アトランティス大陸の第五人種において発生した。計算・判断・概念・知性・論理的思考が発達すると、透視力はなくなっていく）。アトランティス大陸は洪水で没した。人々は秘儀参入者に導かれて、アイルランドのあたりからヨーロッパを通ってアジアに移動し、ゴビに定住した。

アトランティス大陸は霧の国だった。霧に包まれ、太陽も月も大きな虹に包まれていた。アトランティス大陸の人々は自分が吸う空気のなかに神の体を感じた。彼らは魔術的な力を有し、植物の生長に対して支配力をふるった。人々は他民族に対して強い反感を持っていた。彼らは、先祖が体験したことを明瞭に記憶しており、自分を先祖に属すものと感じていた。住居は自然の岩や樹木から作られていた。アトランティス時代に言語が発達する。人々は自然の言語を理解する能力を持っていた。

アトランティス後の時代

アトランティス時代後の最初の文化は、太古のインド文化（蟹座時代の文化）だ。アトランティス大陸を沈めた洪水から逃れ、太古のインドに集まった人々は、天界への憧憬を有していた。そこに、太陽神託の秘儀参入者は七人の聖仙を遣わした。太古のインド人は、「物質界は幻影である。私たちが下ってきた天界のみが真実である」と感じた。

つぎの双子座時代である太古のペルシア文化期に、物質界は虚妄ではなく、精神的なものの表現・模像であると認識され、地上を改造しようという思いが現われた。

第三のエジプト文化期（牡牛座時代）において、天空の星々に神的な叡智が込められているのを、人間は見出した。人間はまなざしを上空に向け、その法則を究明しようとした。

第四のギリシア・ローマ文化期（牡羊座時代）に、人間は完全に物質界に下った。そして、外界・物質に、自分の魂を刻み込んだ。

【別本による補足】

マヌの使者・聖仙（※）が太古のインド文化の教師になった。蟹座時代のインド人は、「外的な自然は本当の自然ではない。自然の背後に、神が隠れている」と思った。自然の背後に隠れている神を、彼らは「梵」と呼んだ。外的な世界は幻だった。「外界に神は姿を現わしていない。人間は内面に沈潜して、自分の心のなかに神を探求しなくてはならない」と、彼らは思った。彼らは夢のような状態を保ち、力強い表象のなかに梵の世界が現われてきた。

太古のインド人にとって、地上は幻だった。インドの行法は、アトランティス時代の夢のような意識を取り戻すものだ。

双子座時代のペルシア人にとって外界は神性の模像であり、外界を改造しなくてはならない、という考えが現われてきた。自分が沈潜する神の世界と、自分が働きかけるべき現実世界がある、と確信したのだ。「神の世界のなかに、外界を改造するための理念・概念を、私は見出す」と、彼らは思った。彼らは、二つの世界の戦いのなかに置かれた、と思った。光明の神アフラ・マズダの世界と暗黒の神アーリマンの世界がある、という考えが形成されていった。彼らは外界のなかに法則を見出すことができず、外界は理解できないものとして対峙していた。

地球は人間に対立する要素として、太古のペルシア人に立ち向かっていた。彼らは地上を克服しなくてはならなかった。

牡牛座時代のエジプト人は、星々の法則を探究した。星の動きを観察し、星の運行と影響を理解できる学問を作り出した。偉大な叡智が自然の経過を支配しており、すべてはこの法則に従って生起している、ということが明らかになった。

　牡羊座時代のギリシア人は、完成された自然を研究するよりも、物質に自分の魂を刻み込んだ。外界に自分の魂を刻印したのだ。

　こうして人間は、自分の魂を文化のなかに組み込むところまできた。

　現代の魚座時代の文化は、自然界の法則を物質に刻印する。現代人は物質的欲求を満たすために魂を用いている。

※マヌ～インド神話における人類の始祖、祭祀の長。最初の法典制定者とされる。
　聖仙　太古インドの偉大な導師たち～ヴェーダ（聖典）を神より授かったという神話伝説上の詩聖。人智学ではアトランティス崩壊後の最初の文化期を担う。

《地球年代紀》

- 土星紀（熱惑星期）
- 太陽紀（空気惑星期）
- 月　紀（水惑星期）
- 地球紀 →
  - 第一元素界
  - 第二元素界
  - 第三元素界
  - 鉱物界 →
    - 無形状態
    - 有形状態
    - アストラル状態
    - 物質状態 →
      - ポラール時代
      - ヒュペルボレアス時代
      - レムリア時代
      - アトランティス時代
      - ポスト・アトランティス時代 →
        - インド文化期
        - ペルシア文化期
        - エジプト・カルデア文化期
        - ギリシア・ローマ文化期
        - ★第五文化期　AD1413～3573
        - 第六文化期（ロシア文化期）
        - 第七文化期（アメリカ文化期）
      - 第六根幹人類期
      - 第七根幹人類期
    - 彫塑状態
    - 知的状態
    - 元型状態
  - 植物界
  - 動物界
  - 人間界
- 木星紀
- 金星紀
- ウルカヌス星紀

※「解説」の〈宇宙の進化・人類の進化〉をご参照ください。

（ポスト・アトランティス時代の各文化期は、2160年続く。現在は第五文化期。）

「シュタイナー人智学の基本」

もう一つの世界を洞察することによってのみ、人間の生活は価値と意味を得る。その洞察がない場合は、結果のなかを手探りで進むしかない。洞察すれば、人生の原因を認識できる。超感覚的な認識によって存在の謎が解明されると、人間は平静さ、心の安定を得ることができる。天に通じていないと、人生の意味に関する問いに答えることができない。

視力を強化できるように、瞑想をとおして認識力を高めることができる。そのようにして高められた認識力によって、感覚に縛られた思考には隠された世界に精通していける。天界探究のための道具である自分の能力を高めるために、修練が必要になる。

直観だけでは、精神についての識者にはなれない。よい目、よい耳を持っているだけでは学者になれないのと同じだ。また、物質界を注視しない者が、天界を明瞭に認識することはできない。物質的現実も精神的現実も、同一存在の二つの面にすぎない。地上のことがらに無知な人は、高次のことがらについても無知にとどまる。自然観察を通して自分の観察力を鍛えていないと、天界について非科学的に語るようになる。修行だけを行なう者には、天は不確かな混沌にとどまる。

　精神的なものとの関連を失うと、人間の生命・内面は荒廃する。精神的なものから生命を汲み取っていないと、人間は枯渇していく。自分の生命が荒廃すると、世界の歩みの妨げになる。

人間の体

　人間の身体は、たんなる物質ではない。生物は、生命のない物質・鉱物とちがって、生殖・成長する存在だ。超感覚的に見ると、「形成する生命力」「生命に満ちた霊的形態」が知覚される。

　人間の身体は物質的な体と、その体を生かしている生命からなっている。生命ある身体から生命が離れ、物質的な力に委ねられると、身体は崩壊する。生命が体を崩壊から守っているのだ。日中、体と生命に破壊的な力が働きかけ、睡眠中は構築的な力が働きかける。生命は体を形成する力であり、記憶・習慣・気質・性向・良心の担い手、持続する欲念の担い手だ。

そして、思いの場である心がある。

人間の心

外界の印象を感じ取る活動の源泉は「感じる心」だ。

人間は多くの場合、自分の感覚的な欲望（感じる心の要求）を満足させるべく思考している。便利で快適な生活、つまり、感じる心にとって心地よい生活を実現するために思考力を用いている。けれども、そこにとどまらず、人間は自分の感受について考え、外界を解明する。思考は心を、たんに感じる心が属さない法則性のなかに引き入れる。思考に用いられるのが「知的な心」だ。

思考は感覚の欲求を満たすためにも使われるけれど、精神的な思惟に向かうこともできる。星空を見て感動するとき、その感動は個人のものだ。星について考え、星の運行法則を明らかにしたら、その思考内容は客観的な意味を持つ。思考をとおして認識された内容は、個人から独立して、万人に通用する。

心のなかに輝く永遠のものは、「意識的な心」と名づけられる。魂が意識される場であり、精神が輝き入っているところだ。この意識的な心が、心のなかの心、精神的な心である。

知的な心は感受・衝動・情動に巻き込まれることがあり、自分の感受を正当なものとして通用させようとする。けれども、真理は個人的な共感・反感に左右されない。そのような真理の生きる場が意識的な心だ。

体は心を限界づけ、魂は心を拡張する。知的な心は、真・善を受容すると、大きくなる。自分の好き嫌いのままに生きる人の場合、知的な心は感じる心と同じ大きさだ。

人間の魂

心の中心は魂である。体と心は魂に仕える。魂は精神に帰依し、精神が魂を満たす。魂は心のなかに生き、精神は魂のなかに生きる。

魂を形成しつつ、魂として生きる精神は、人間の自己として現われるから、「精神的な自己」と呼ばれる。

自己は天界と物質界に向かい合っている。物質界は感覚によって知覚され、天界は直観をとおして現われる。心、あるいは心の内に輝く魂は、身体的側面と精神的側面に向けて、扉を開いている。感覚的な知覚は個我のなかでの物質界の開示であり、精神的な自己は魂のなかでの天界の開示だ。

地上に物質的な体があるように、天に霊的な体がある。物質的な体に生命が浸透しているように、霊的な体に精神的な生命が浸透している。

心の核としての魂が衝動・欲望を支配できるようになると、心のなかに精神的な自己が出現する。精神的な自己は「変容した心」と言える。同様に、精神的な生命は変容した生命であり、物質的な体が変容したのが霊体だ。

人間の本質

人間が死ぬと、体の形態は次第に消えていき、体は鉱物界の一部になる。体は、自らのなかにある鉱物的な素材と力によっては、形態を保てない。形態を保つためには、体は生命に浸透されていなくてはならない。人間が生きているあいだ、体を崩壊しないようにしているもの、体のなかに存在する鉱物的な素材と力に一定の形・姿を与えるものが生命だ。

生命の力は、意識の光を輝かすことはできない。生命は自らに没頭するなら、絶えず眠っていなくてはならないだろう。繰り返し人間を無意識の状態から目覚めさせるものが心だ。ものごとの印象を感じるのが心であり、感受とともに喜怒哀楽が生じる。人間が目覚めているとき、生命は心に浸透されている。

精神的人間＝霊体（変容した物質的身体）

生命的精神（変容したエーテル体）

精神的自己（変容したアストラル体）

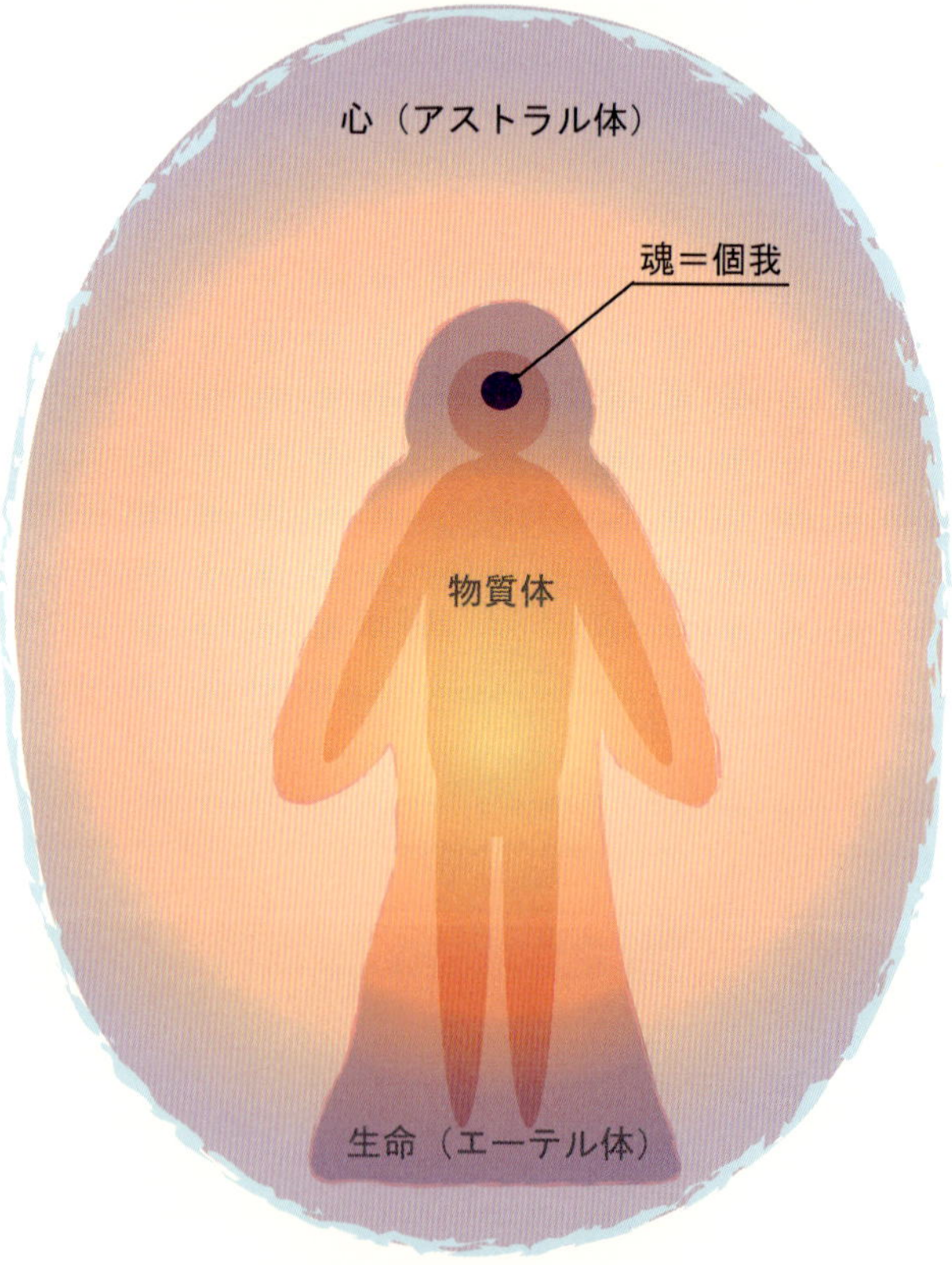

人間の構成要素（簡略図）２

※ｐ20をご参照ください。

人間は動物とちがって、体に由来しない望みや情熱を抱くことができる。その望みや情熱の源泉は魂にある。地上の鉱物・植物・動物にはないものだ。内的体験の転変のなかに持続的・永続的なものがあることに気づくと、個我感情が現われる。

生命に結び付いていないと、体は崩壊する。心に浸透されていないと、生命は無意識に沈む。同様に、魂によって現在へともたらされなければ、心は繰り返し忘却のなかに沈む。心には意識が特有のものであり、魂には記憶が特有のものだ。

現存する対象についての知を呼び起こすのは感受の働きであり、その知に持続性を与えるものが心だ。この両者は密接に結び付いており、感受と心が一体になっているのが第一の部分「感じる心」だ。

魂は、対象そのものから離れ、自分が対象についての知から得たものに意識を向けるとき、感じる心よりも高い段階にある。そのような活動をするのが第二の部分「知的な心」だ。知的な心も、感じる心と同様、関心は外界、つまり感覚によって知覚されたものに集中している。知的な心は魂の性質を分有しているけれども、魂の精神的本性をまだ意識していない。

心が自分を魂として認識するとき、人間のなかに住む神が語る。心の第三の部分は、自らの本質を知覚したとき、神的なものに沈潜する。この第三の部分、「意識的な心」において、魂の本性が明らかになる。魂は、この部分をとおして知覚される。意識的な心のなかに一滴のしずくのように入ってくるのが、永遠の魂だ。

魂は心に働きかけることができる。知的な進歩、感情と意志の純化は、心を変化させる。魂によって変容させられた心が「精神的な自己」だ。

魂は生命にも働きかける。性質・気質を魂が変化させるとき、生命に働きかけている。宗教的な信条は、心のいとなみのなかに確固とした秩序を生み出す。また、芸術作品の精神的な基盤に沈潜することによって魂が受け取る衝動は、生命にまで働きかける。この働きかけによって、生命は「生命的な精神」へと変化していく。

魂は物質的な体に秘められた精神的な力と結び付いて、物質的な体を変化させることもできる。変容した体は、物質的な人間に対して、「精神的な人間」と呼ばれる。

心霊の世界

心の特性、衝動・欲望・感情・情熱・願望・感受などは、心霊の世界に由来する。心霊の世界は地上よりもずっと精妙・動的・柔軟であり、心霊の世界は物質界と根本的に異なっている。初めて心霊の世界を見る者は、物質界との相違に混乱する。心霊の世界に物質界の法則を当てはめようとすると、間違う（心は一方では体、他方では魂に結び付いており、そのために、体と魂の影響を受けている。この点に留意して、心霊の世界を観察する必要がある）。

心霊の世界の存在は心的な素材からなり、心霊の世界を「欲望・願望・要求の世界」と呼ぶことができる。心的な存在は、親和性があると相互に浸透し、相反するなら反発しあう。そして、地上の空間的距離とは異なって、内的本性（好き嫌い）による距離を示す。

心霊の世界の存在には、共感の力と反感の力の作用が見られる。他のものと融合しようとする共感の力と、他を排して自分を押し通そうとする反感の力だ。共感・反感がどう作用するかが、心霊の世界の存在の種類を決める。

反感が共感にまさっている段階では、周囲の存在を共感の力によって引き付けようとするけれども、この共感と同時に反感が内にあって、周囲にいるものを押しのける。その結果、自分のまわりの多くのものを突き放し、わずかなものだけを、愛情を込めて自分のほうに引き寄せる。近寄ってくる多くのものを反感が突き放し、満足しようがない。この段階の存在は、変化しない形態で心霊の世界を動いている。この存在の領域が心霊の世界の第一領域、「欲望の炎の領域」だ。

心霊の世界の第二領域の存在には、共感・反感が同じ強さで作用している。共感・反感が均衡を保ち、周囲のものに中立的に向かい合う。自分と周囲のあいだに、はっきりした境界を引かず、周囲のものを自分に作用させ、欲望なしに周囲のものを受け入れる。このような心の段階が「流れる刺激の領域」だ。

第三領域の存在においては、共感が反感にまさっている。けれども、共感の力の及ぶかぎり、あらゆるものを自分の領域に引き入れようとするので、この共感は自己中心的だ。この存在の段階が「願望の領域」である。

第四領域では、反感が完全に退き、共感だけが作用している（反感があるかぎり、その存在は自分のために、ほかのものと関わろうとしている）。ただ、この段階では、共感が存在自身の内だけで作用している。「快と不快の領域」だ。

以上の四層が、心霊の世界の下部をなしている。

第五・六・七領域では、共感の作用が存在を越え出ている。第五層は「心の光の領域」、第六層は「活動的な心の力の領域」、第七層は「心の生命の領域」。これらの三領域が心霊の世界の上部を形成している。

心霊の世界における死後の心

体の調子がよいとき、心は心地よく感じる。逆の場合は、不快だ。同様に、魂も心に作用する。正しい思惟は心を爽快にし、誤った思惟は心を不快にさせる。

心が魂の表明に共感すればするほど、人間は完成する。心が体の活動によって満足させられている分だけ、その人は未完成だ。魂が人間の中心であり、人間は自分の働きのすべてが魂によって方向づけられないと、自分の使命を達成できない。

体は、魂が物質界を認識し、地上で活動するための仲介役を果たしている。体が知覚したものを心が体験し、それを魂に伝える。一方、魂が抱く考えは、心の中で実現への願望となり、体を用いた行為になる。

死後、魂は体から離れても、心とは結び付いている。そして、体が魂を物質界につなぎとめていたように、心が魂を心霊の世界につなぎとめる。私たちが眠くなると、体は心と魂を離す。同様に心は、地上的・身体的なものへの執着を脱すると、魂を精神の国へと解き放つ。

死ののち、心は物質への執着を解消するための期間を過ごすことになる。物質への執着が強い場合、その期間は長く、そうでない場合は短い。その期間を過ごすのが、「欲望の場所」だ。そこを通過するうちに、「体によって満足させられる欲望を抱くことは無駄だ」と、心は悟っていく。そして、物質的・身体的な関心が心から消えていく。心が心霊の世界の高次領域、すなわち共感の世界に入っていき、利己心が消えて、心霊の世界と一体になったとき、魂は解放される。

魂は地上に生きることをとおして、自らを体と同一視することがある。だが、それよりも、魂と心の結び付きのほうが強固だ。魂は心という仲介物をとおして体と結び付いているけれど、魂と心はじかに結び付いているからだ。

心霊の世界の最初の領域に入った死後の心は、体のいとなみに関連する粗雑で利己的な欲望を消滅させていく。物質生活への欲望を捨てられずにいる心は、満たしようのない享受を求めて苦しむ。

地上では、欲望は満足させられると、一時的になくなったように見える。けれども、欲望が消滅したわけではない。幾日か経つと、また欲求が生じる。その対象を入手できないと、欲求は高まる。

死後、心に染み付いた身体的な欲望は、満たされないので、高まることになる。心霊の世界の第一領域で、欲望は、その高まりによって燃え尽きていく。これが浄化だ。生前、身体的な欲望から自由だった人は、死後、心霊の世界の第一領域を、苦しみなく通過していく。一方、身体的な欲望への執着が強かった心は、死後、この領域に長く引き留められる。

心霊の世界の第二領域は、人生の外的な瑣事への没入、流れゆく感覚の印象の喜びによって生じた心の状態に関連する。そのような欲求も、感覚的・物質的な事物が存在しない心霊の世界では叶えようがないので、消えていかざるをえない。

第三領域の性質を持つ心は自己中心的な共感を有し、その共感の力によって対象を自分の中に引き入れようとしている。この願望も成就できないので、次第に消えていく。

心霊の世界の第四領域は、快と不快の領域だ。地上に生きているときは、快・不快が身体と結び付いているので、人間は体が自分であるかのように感じる。この「自己感情」の対象である体が失われると、心は自分が失われたように感じる。死後、心霊の世界の第四領域で、

「身体的自己」という幻想を打ち砕く必要がある（自殺者は、体に関する感情を心の中にそっくり残している。体が次第に衰弱していったのではないので、死は苦痛を伴う。そして、自分を自殺へと追い込んだ原因が、死後も当人を苦しめる）。

心霊の世界の第五領域は、周囲に対する心の喜びと楽しみに関連している。心は、自然のなかに現われる精神的なものを体験することができる。けれども、感覚的に自然を楽しむこともある。そのように感覚的に自然を享受する心の性質が、ここで清められる。また、感覚的な平安をもたらす社会を理想とする人の心は、利己的ではないのだが、感覚界を志向しているという点で、この第五領域で浄化される。心は第五領域で「楽園」に出会い、楽園の空しさを悟ることになる。地上の楽園であれ、天上の楽園であれ、宗教をとおして感覚的な安楽の高まりを要求する人々の心が浄化される。

第六領域では、利己的ではなく、理想主義的・自己犠牲的に見えながらも、感覚的な快感の満足を動機とする行動欲が浄化される。また、面白いという理由で芸術・学問に没頭している人は第六領域に属する。

心霊の世界の第七領域で、「自分の活動のすべてが地上に捧げられるべきだ」という意見から、人間は解放される。こうして、心は完全に心霊の世界に吸収され、魂はすべての束縛から自由になって、精神の国に向かっていく。

精神の国

精神の国は思考を素材として織りなされた領域だ。地上の人間の思考は、精神の国を織りなす思考素材の影である。物質界は現象・結果の世界、精神の国は原因・発端の世界である。精神の国には、物質界と心霊の世界に存在するものたちの原像が生きている。その原像は創造的であり、精神の国は絶えざる活動の世界だ。それらの原像は、協力しながら創造している。

心霊の世界では、さまざまな神霊が色・形で現われ出ている。精神の国に入ると、原像が響きを発する。

精神の国も七領域に区分される。第一領域には、無機物の原像がある。鉱物の原像であり、植物・動物・人間の物質体の原像である。地上では、空間中に物質が存在している。精神の国では、物質の存在しているところが空《から》になっており、その周囲の空間に、物質を創造するものたちが活動している。この領域が、精神の国の「大陸」だ。

第二領域には、生命の原像が存在する。思考を素材とする生命が流れており、生命は調和ある統一体をなしている。「海洋」と言われる領域だ。

精神の国の第三領域＝大気圏には、心の原像がある。地上と心霊の世界における心の活動が、この領域に天候のように現われる。

第四領域には、精神の国の第一領域・第二領域・第三領域の原像を統率し、秩序を与える原像が生きている。第四領域は、思考の原像の世界だ。

第五領域・第六領域・第七領域は、精神の国の上部領域である。精神の国の下部領域の原像に、原動力を与えるものたちの領域だ。この領域に達すると、人間は宇宙の基盤にある意図を知る。この領域には、言葉が響いている。この領域で、あらゆるものが「永遠の名」を告げる。

精神の国における死後の魂

人間の魂は死後、心霊の世界を遍歴してから精神の国に入り、新しい身体存在へと成熟するまで、そこにとどまる。精神の国に滞在する意味を知るには、輪廻の意味を理解する必要がある。過ぎ去った人生の果実は、人間の精神的な萌芽に摂取される。そして、死んでから生まれ変わるまで滞在する精神の国で、その果実は熟する。その果実は熟して素質・能力となり、新しい人生のなかに現われる。地上での人生で獲得した果実が、精神の国で熟すと、人間は地上に戻る。

人間は地上で、「精神存在」「精神の国の使者」として、創造活動を行なう。地上で活動するための意図・方向は精神から来る。地上での活動の目的は、地上に生まれるまえに、精神の国で形成される。精神の国で設計したプランにしたがって、地上での人生が歩まれる。魂のまなざしは常に、自らの地上的な課題の舞台に向けられている。地上での活動が人間の魂の課題なのだけれども、体に宿る魂は、繰り返し自分自身の領域つまり精神の国に滞在しないと、この世で精神存在でありつづけることができない。

人間の魂は、精神の国の諸領域の本質に浸透されることによって成熟していく。

精神の国の第一領域は、物質の原像の世界である。その原像は、地上の事物を生み出す思考存在だ。この領域で、人間は自分の遺骸・物質的身体を、外界の一部として認識する。

精神の国の第一領域では、家族への愛や友情が、死者の内側から甦る。この領域を生きることによって、家族への愛や友情は強まっていく。地上でともに生きた人々を、精神の国でふたたび見出す。地上でたがいに関係があった者たちは精神の国で再会し、精神の国にふさわしい方法で共同生活を続ける。

精神の国の第二領域は、地上の共通の生命が思考存在として流れているところだ。地上では個々の生物が個別に生命を有するが、精神の国では生命は個々の生物に限定されずに、精神の国全体を循環している。その残照が地上で、全体の調和への宗教的な畏敬として現われる。

精神の国の第一領域で、死者は家族・友人と再会した。その関係を維持しながら、第二領域では、同じ信条を持つ者たちが集うことになる。

精神の国の第三領域には、心霊の世界の原像がある。心霊の世界に存在するものが、ここでは「生命的な思考存在」として出現する。ここでは、利己的な欲求が心に付着していない。

地上で人々のために無欲に行なったことが、ここで実を結ぶ。地上で奉仕的な行為に専念するとき、人間は精神の国の第三領域の残照のなかに生きている。

精神の国の第四領域には、芸術や学問など、人間の魂が創造するものの原像が存在している。地上で人間が日常的な生活・願望・意志の領域を超えて従事したものすべてが、この領域に由来する。死後＝生まれる前に、人間はこの領域を通過してきたので、地上で個人を超えた普遍的・人間的なものに向かえるのだ。

精神の国の第五領域まで上昇すると、人間の魂はどんな地上的な束縛からも解放される。そして、精神の国が地上のために設けた目標・意図の意味を体験できる。

第五領域で、魂としての本来の人間があらわになる。第五領域で、人間は本来の自己のなかに生きている。精神的な自己は、ここに生きている。ここで、前世と来世の展望が開ける。

第五領域と同質の精神性をあまり獲得しなかった人間は、来世は苦しい人生を欲する。「苦しみの多い人生が自分には必要だ」と、精神の国の第五領域で思うのだ。

精神的な自己は、精神の国を故郷と感じる。そして、精神の国の観点が、地上生活の基準になる。自己は自らを、神的宇宙秩序の一部分と感じる。自己の活動の力は、精神の国からやってくる。

地上と心霊の世界と精神の国

人間は、地上・心霊の世界・精神の国の三つを生きている。体は地上に生きている。心霊の世界は共感・反感の力をとおして人間の心に影響を及ぼし、人間の心も愛着・反感・願望・欲望をとおして心霊の世界に影響を与えている。そして、事物の精神的本性は、人間の思考世界に反映している。人間自身も、思考する精神存在として精神の国の民だ。

地上・心霊の世界・精神の国は別々の世界ではない。物質は、心的・精神的構成体が濃縮したものだ。精神の国が心霊の世界に、そして物質界へと凝縮していく。物質界の事物は、凝縮された精神存在・思考存在だ。だから、人間は思考によって、それらの事物を理解できる。人間が事物について考えるということは、人間が事物の物質的側面ではなく、その精神的原像に向かっているということなのだ。

物質界の精神的原像は、精神の国の第七・六・五領域では「生きた胚種」であり、精神の国の第四・三・二・一領域では「精神的構成体」になる。

外界は鉱物界・植物界・動物界・人間界に分類される。植物は生長・繁殖し、動物には感受と衝動という、心霊の世界の表現が付け加わっている。

精神の国を上部の精神の国と下部の精神の国に分け、その下に心霊の世界があるというふうに分類すると、鉱物は上部の精神の国、植物は下部の精神の国、動物は心霊の世界に意識の場を有している。形態のない原像が精神の国の上部の領域に存在し、植物を生かす力が精神の国の下部の領域に存在する。心霊の世界には、動物の感受・衝動を形成する者たちがいる。

植物において形態、動物において心の力として現われたものが、人間において本来の姿＝思考として現われる。

眠りと死

死を考察することなしに、生の謎に迫ることはできない。天界を洞察することなしに、地上を真に認識することはできない。隠れたものの認識をとおして豊かにされない世界考察は、荒廃にいたる。疲労を癒す力を睡眠から取り出してこない人が、生命を壊滅に導かざるをえないのと同じだ。

心は生命に身体形成への刺激・雛型を与え、生命が体の形態を維持している。一方、体と生命は、心が外界を知覚するための器官を提供している。心は体と生命に結び付いているとき、意識的な知覚が可能だ。体という鏡に反射されることによって、心は意識化される。

睡眠中、魂と心は、体および生命から離れている。体を維持する生命は、睡眠中も体と結び付いているけれど、心は宇宙の故郷に帰っている。そこで心は形象を受け取る。目覚めるとき、心が新たに強められた力を携えてくるので、私たちは爽快さを感じる。夢を見ているときは、心は体から離れながら、生命と結び付いている。生命からも離れると、夢のない眠りの状態に入る。

＊

死も、人間を構成する要素の関連が変化することによって生じる。睡眠時には、魂と心が生命と体から離れるが、生命は体に浸透している。死ぬと、生命が体から離れる。生命が離れるので、体は崩壊する。

死後数日間、生命と心は結合している。この状態で、人間は生前の記憶を映像として見る。自分の誕生から死までが、一連の映像として、一枚の記憶画像にまとめられて現われてくる。心は生前の記憶を有している。この記憶を、まだ存在している生命が包括的で、いきいきとした映像として出現させるのが、死後の最初の体験だ。

体があったとき、睡眠中に心は外から、疲労した肉体器官を回復させる働きをしなくてはならなかった。死によって体が失われると、その働きは不要になる。その働きに用いられた力は、心自身の経過を知覚するために用いられるようになる。

生命は体に一致する形を保っているあいだ、心と結び付いている。その形は次第に失われていき、生命は心から離れていく。

人間には身体的な願望、精神的な願望、そして魂が人生を生きるあいだに感覚界で作り出した願望がある。身体的な願望は、体がなくなれば消え去る。精神的な願望は、精神の国の開示のなかで満たされる。

魂は感覚界で作り出した願望によって、感覚界に楽しみを見出すようになる。魂が精神に仕えずに、体を使って満足させられる欲望に没頭すると、その欲望が死後も存在しつづけることになる。体はすでに失われているので、その欲望はかなえられず、充足への燃えるような渇きに苦しむことになる。そこから脱するためには、魂が体のなかで作り出した願望、精神的な世界に由来しないものすべてを根絶しなくてはならない。

体と生命を捨て去った人間が入っていく世界は、「精神の焼き尽くす火」の世界だ。感覚的な欲望が、この火によって焼き尽くされる。体に由来する欲望は、死後の意識的な知覚を妨げる。

心と魂からなる人間が入っていく心霊の世界は、浄化の世界だ。死者は、生前の人生を逆向きに追体験し、自分が他者に味わわせた感受を、他者の側から体験する。そのように、臨終のときから誕生のときへと遡っていく。ここで、魂の物質的な欲望から発したものが、死後、苦痛をともなって知覚される。そのような欲望が、「焼き尽くす火」によって根絶される。死後、生前の人生を遡行して、誕生の時点に到ったとき、欲望は浄化の火を通過し終わっている。

*

心霊の世界での浄化が終わったとき、新しい意識状態が現われる。生きているとき、人間は外界を知覚している。浄化の時期を通過しおわると、内面から精神の国が現われてくる。精神の国で、神々が人間の魂に働きかけるとき、その体験は色彩をとおして表象される。

精神の国は内的に躍動する生命の世界であり、その生命は魂をとおして流れ出る音のように感じられる。さらに、言葉をとおして、精神の国の存在の内面が魂に告げられる。

地上の物質を形成する力が、精神の国の第一領域で知覚される。地上で物質が満たしている空間は、精神の国では空洞に見え、その物質形態を作り上げる力が知覚される。また、その物質は補色で現われる。この領域が精神の国の陸地をなしている。

生命は、精神の国の海になっている。この流れる生命は、音響のように知覚される。第二領域である。

感覚界では感情として現われるものが、精神の国の第三領域＝大気圏をなしている。地球を空気が包んでいるように、吹きわたる精神的な言葉が精神の国を包んでいる。

そして、地上の事物に熱が浸透しているように、精神の国には思考が浸透している。活動的な生命存在としての思考だ。人間の思考の本来の姿が、精神の国の第四領域で姿をあらわにするのだ。

精神の国の第五領域には、叡智を開示する光がある。

素材の面から見ると、体は物質界の力によって作られ、生命は生命界の力、心は心霊の世界の力によって作られる。形成する力の源に目を向けると、精神の国の第一領域で魂が知覚するのは、人間の体を作る神々だ。第二領域では、生命を構築する力が知覚される。第三領域には、心を構築する力が流れている。それらの力は、人間が精神の国に持ち込んだ、人生の果実と共同する。死の直後に記憶像を見たあと、生命は捨てられるが、その記憶像のなかから、魂の不滅の所有物が残る。それが人生から得たエキスだ。魂は感覚界の成果をたずさえて精神の国に入っていき、精神の国の力を吸収して成長していく。

＊

睡眠中に魂と心が精神の国から受け取るものによって、人間は昼間に使い果たした力を回復させる。死後、体・生命・心が捨て去られたあと、魂が精神の国から受け取る力は、疲労の回復ではなく、新たな人体形成のために使われる。まず、魂のまわりに心が形成される。心は生命と体を求めて、内面の開示から目をそらす。こうして、人間は無意識に陥る。神々が人間の心を、両親になるべき人たちのところに導き、生命と体が与えられる。

生命が組み込まれるまえに、来たるべき人生が予見される。このとき、前世で自分の進化を妨げたもの（自分の未熟な思念・言動）があらわに示される。ここで目にするものが、新たな人生における前進の力の出発点になる。

来世のための体の設計が、死後の唯一の仕事なのではない。死後の人間は、地表の変化にも働きかける。植物に降り注ぐ日光のなかに、死者たちの力が作用している。精神の国から地上への影響とならんで、地上から心霊の世界・精神の国への影響も存在する。地上で作られた精神的な絆は、死後も継続し、当事者を来世で再会させることになる。

人間は死後、浄化の期間を過ごし、生前の行為が、さらなる進化のなかでどのような障害になるか、心的に体験する。その体験をしているあいだに、その行為の結果を改善しようという衝動が、人間のなかで形成される。この衝動を、人間は新しい人生にたずさえてくる。この衝動によって、かつての行為の結果を改善するのが可能な場所に自分を据える動きが、その人のなかに作られる。こうして、人間は自分のカルマの改善にふさわしい境遇に生まれ、カルマを改善するのに適した体験に巡り合っていく。

左頁「ふたり〜天使になる日」　目次扉「ひかるつぼみ」
p 11 シュタイナー精神科学の基礎、章扉「たまご」
p 32「月と森」
p 81 シュタイナー人智学の基本、章扉「銀河」
〜上記パステル画、中神そら〜
p 205 菱田春草「羅浮仙」部分

「高次元世界の認識」

修行者の心は健康でなくてはならない。心の健康のために最もよいのは、筋の通った思考である。人間が真に天界の民になるためには、その考えが天界の法則に適ったものであることが必須条件だ。そのようにして天界の思考を受け取ることができたなら、天界の力が思索する地上の人間に作用し始め、彼のうちに微睡んでいた認識能力を次第に目覚めさせてくれる。

この高次元世界の認識の道を歩む者は、自らの判断や想念を一時断ち切り、眼前に繰り広げられる現実界のリアルな印象に身をさらし、事物そのものに語らせなくてはならない。そうしていると、やがて天界を見る力が現われてくる。

自分を過大評価する人、ものごとを自分の好き嫌いで判断する人には、高次認識への道は閉ざされている。共感・反感が発端となる判断や行動をしないようにすると、感受性は繊細になり、盲目的な主観に曇らされなくなる。そして自分の内面に天界が出現する。行動の指針は地上的なものではなく、自己の内面に広がる天上界のあり方に沿ったものに変わっていく。

精神的な認識に向けて励む者は、心のバランス感覚を鍛える必要がある。それはあらゆる快と苦を、ごく平然と受け入れることだ。自分が快や苦の真っ只中で、その感情に翻弄されていると、快・苦をとおして何事かを悟ることはできない。快や苦に我を忘れるのではなく、快・苦を静かに味わうことで見えてくる、ものごとの本質を体験するのだ。こうした訓練を経ることで、快・苦は単なる感情から、心的な感覚器官へと発展する。

認識の条件

だれのなかにも、高次元世界についての認識に到達できる能力がまどろんでいる。そのための人智学の瞑想行の出発点になるのは、「真理と認識への深い帰依」という心の基調である。叡智を敬うことを学んだときに初めて、人はその知識を自分のものにできるからだ。

尊敬に値するものを虚心に敬うという態度を学べた者は、自分の頭を自由に保つ術を心得ている。尊敬心というものは強要されて抱くものではないので、盲信・盲従にはつながらないものである。またその際、個人崇拝には注意しなければいけない。個人崇拝などではなく、正に尊ぶべき「真理と認識」へ向けた、畏敬の心が必要なのである。

人を批判し裁くことは、高次認識に向かう心の力を衰弱させる。献身的な畏敬の思いは、その力を発展させる。だれかと出会い、その人の弱点を非難するとき、私は自分の最上の認識力を壊している。しかし愛に満ちて、その人の長所に沈潜しようと試みるとき、私の認識力は高まっていく。世界と人生に対する皮相な軽蔑や、苦悩のともなわない裁き、火がついたような、あるいは棘や毒のある批判に呑み込まれることなく、それらのなかに何が潜んでいるかに気づこうとする瞬間、私たちは高次の認識に近づく。私たちが何かを、あるいは誰かを軽蔑したり、裁いたり、批判したりしようとする一刹那、そこに踏み止まり、自分の心をそれらとは真逆の敬意や愛の念で満たすことができると、認識能力は急速に上昇する。

もちろん、相手の邪悪な性質に目を閉ざしたり、醜い面に気づかぬようにして賛美することが要求されているのではない。欠点をはっきり見ながらも、長所・美点を探すことを怠らないのだ。短所が目についたために、その人物全体を否定するようなことはしない。

批判に満ちた心は疲労する。体が食物を必要とするように、心も感情という栄養を必要としている。そして、体によい食べものと悪い食べものがあるように、軽蔑や批判は心を枯らし、尊敬の思いは心をいきいきとさせる。柔和で謙虚な、「尊敬に値するものすべてへの献身」という基本的な気分が、心のいとなみ全体に浸透するようにする。

つぎに必要なのは、内面のいとなみを発展させることだ。私たちが住むこの世界の森羅万象の神々しさを体験するには、まず自分の心のなかに神性を見出さなくてはならない。静かに自己に沈潜する時間を作り、外界の印象の余韻、自分の体験の余韻を響かせる。享楽に浸るのではなく、外界の美しさを謙虚に享受したあと、それを消化しようとすることによって、認識力が高まる。外界の印象を貪欲につぎからつぎに楽しもうとしたり、楽しみを味わいつくそうという強欲があると、認識力は鈍る。

魔界の誘惑者たちは、修行者の魂を硬化させ、閉鎖的にしようとする。修行者は自分を世界に開き、世界を楽しむ必要がある。そうすれば、世界が修行者に近づいてくる。けれども、その楽しみに執着してはいけない。

修行者の求める高次世界の認識が、個人の知識を増やして精神的な宝を蓄えるためだけのものなら、彼をその道からそらせる。修行者の求める認識が、人格の向上と世界の進化に貢献するためのものなら、彼を一歩前進させる。理想にならぬ理念は、心のなかの諸力を殺す。理想になる理念は、彼のなかに生命力を作り出す。

「畏敬」という心を豊かにさせてくれる感情、自己との対話から始まる「内的ないとなみの発展」に、まず取り組むのだ。

内面の安らぎ――内的生活の発展

修練を指導する者は、自分の行為や言葉が他人の自由な決意に干渉しないように気をつける必要がある。本当に知のある人は謙虚で、支配欲とは無縁である。

修行者は内的な平安の時間を作り、そのなかで本質的なものと非本質的なものを区別するように努める。日常とは異なった時間を作り、その時間のなかで、自分の行為・経験をあたかも他人の行為・経験のように見つめ直すのだ。評論家のような冷静さをもって、自分を観察してみる。自分の体験にとらわれていると、本質的なものにも非本質的なものにも関わりがちだが、内面を平安にして自分を観察すると、本質的なものと非本質的なものを区別できる。そして、自分のさまざまな体験が、いままで見えなかった姿を示すようになる。

平安と確信が、内的な人間を育てる。自分のなかに隠れている高次の人間を目覚めさせるのだ。内なる高次の人間が目覚めないかぎり、人間に備わっている高次の能力はまどろみつづける。内的な平安をとおして、自分のなかに力が見出される。この平安の時間が、力の源泉になる。ところで言うまでもないことだけれど、瞑想生活に入ったあとも、日常生活から遊離してはいけない。

「臆病さが自分の判断を誤らせ、行為を果たせなくしている」と理解することによって、臆病な気持ちは消え去る。そして、外界からの影響をコントロールできるようになる。たとえば侮辱された場合、自分に発せられた言葉から毒を抜き取れるようになる。人に待たされても、いらいらせず、その時間を有効に使えるようになる。

自分の内なる高次の人間は、内面の安らぎと確かさをとおして成長する。外的な生活の波に翻弄されていると、高次の人間は成長できない。内的な平安が、内的な人間を育てる。そして、高次の人間が内的な支配者になり、外的な自分を導くようになる。喜怒哀楽が自分以外のものに拠っている場合、人間は自分の主人にはなっていない。

自分個人から人間一般へとまなざしを転じることによって、個人的なことがらを越えたものが自分のなかに生きるようになる。修行者は天界に目を向け、自分が天界に属していることを感じはじめる。そうして、自分の中心点が内面に移される。内的な平安の時間に内面の声を聞き、天界との交流が育成される。

ついで、静かな思考活動に、いきいきとした感情を発展させる必要がある。精神界から自分のなかに流れ込んでくるものを愛することを学ぶのだ。それが学べたら、思考世界が日常の事物より非現実的だとは感じなくなる。精神存在のなかでの「生」へと拡張していく静観的思索、すなわち瞑想によって、超感覚的な認識が開かれていく。

瞑想中に低次の感情に溺れたり、漠然とした感受に浸ってはいけない。明瞭な考えを形成することが大事だ。この道の先駆者がかつて瞑想中に受けた啓示、高貴な思考のなかに、自分も突き進んでいくとよい。

瞑想をとおして、自分の行為がいままさに生きている精神世界の脈動、意志をもつ宇宙の事象と関連していることが洞察できるようになる。

やがて瞑想をとおして神性に結び付いた人には、誕生から死までに限定されない永遠の魂が生きはじめる。

神秘修行の三段階――準備

準備・悟り・秘儀参入という三つの段階がある。

準備の段階における瞑想として、周囲の世界に見られる生命の発生・繁殖と衰微・凋落の経過に注目する。植物が繁殖し、花咲くのを見て、その印象に没頭する。まず外界の事物を可能なかぎり生き生きと正確に眺め、ついで、心のなかに現われる思考と感情の双方に、内的な均衡をもって没頭するのである。そうしていると、以前にはかすめさっただけのかすかな感情が、心のなかでじょじょに力強いものになっていく。このように育てた感情の余韻を、湖面のように静かな内面に響かせる。注意深い、新鮮な驚きを感じることのできる健康な観察力によって感覚界を見て、湧き起こってくる感情に自らを委ねる。事物の意味を思弁的な知性で解明しようとせずに自分を空っぽにし、物自身に語らせるようにする。生長・開花・繁殖に注意を向けていると、日の出に似たものを感じる。衰微・枯死に注意を向けていると、月の出のようなものを感じる。このような表象に注意を向けていると、心霊の世界が次第に現われてくる。

天界で方向を定めるために、「感情・思考は現実的なものだ」と意識する必要がある。天界では、感情や思考が相互に作用する。瞑想行者は、自分の思考・感情に対して、地上を歩むときと同じ注意深さを持たなくてはいけない。勝手な思いつきや、遊び半分の空想には耽らない。そうしていると、意味深い感情、実り豊かな思考が現われてくる。これらの感情・思考が、天界における方向を定める。

音に耳をすますことも、修練になる。まず動物の鳴き声を聞いてみる。そのとき、自分がその鳴き声から感じる快不快、といったものを沈黙させて、動物の気持ちを聞き取ろうとする。その動物の内面に注意を集中し、その感情を自分のなかで体験してみる。のちには、無機物の発する音、風の音、水の音にも耳を傾ける。このような練習を続けていくと、自然界が意味深い言葉を語っているのが分かってくる。

ついで、自分の意見・感想を沈黙させて、人の言葉に耳を傾ける。人の語ることに対する、自分の賛成・反対の思いを沈黙させるのだ。自分より劣っていると思われる人の発言を聞くときには、知ったかぶりや優越感を持たないようにする。自分の意見・先入観を排して、虚心に人の話を聞くのである。

そうすると、通常の言語とは違う、テレパシーやインスピレーションにも似た内的な言語が知覚できるようになり、天界からの告知を聞きとれるようになってくる。秘儀参入者が自らの経験を語る言葉は、修行者の心のなかに、霊的な明視を可能にする力を形成する。聞いたものに対して、自分の主観的な感情・意見を投げ返しているあいだ、天界の存在は黙している。自分の意見・感情を限りなく静めて傾聴できる者に、天界の存在は語りかけることができる。

神秘修行の三段階――悟り

準備＝浄化のつぎは、内的な光を知覚する段階だ。準備の段階では、天界の姿は暗いものだった。悟り（内的な照明）の段階に到ると、その姿が明るくなる。

たとえば水晶の原石を見ながら、つぎのように考える。

「石は形態を有し、動物も形態を有している。石は静かに一定の場所にとどまっている。動物は場所を移動する。動物が場所を移動するのは、衝動・欲望ゆえだ。動物の形態は、この衝動に合ったように作られている。石の形態は、欲望のない力によって作られている」

このように思索していると、石から立ち昇ってくる静かな感情と動物の感情が心のなかに流れてくる（植物からは、石と動物の中間にある感情が流れてくる）。この感受および感情と、これらの感情に結び付いた思いから霊的な明視器官が人間に作られて、石・植物・動物から霊妙な色彩が流れてくるのが知覚できるようになる。

魂の目でさまざまなものを見ることができるようになると、やがて、物質界には現われていない存在に出会うことになる。それは高次の神であることもあるし、人間より低次の霊であることもある。

そしてなによりも修行者に必要なのは慎重さだ。高貴さ・善良さも人並程度では足りない。努力し意識的に増す必要がある。また、現実感覚も増す必要がある。誠実さや繊細な観察力も増やさなくてはいけない。地上に生きる人間すべて、そして動物、植物といった生物に対する同情を増し、自然の美しさに対する感受性を豊かにしなくてはいけない。そうしないと、心は固くなり、感覚は鈍くなる。また、自分の生活を乱すほどの時間と力を、修練に費やしてはいけない。成果を焦らずに、ゆったりと待つことが大切だ。

思考と感情のコントロール

初心者は自分の心的・精神的な進歩に、なかなか気づかない。心的・精神的進歩の現われが、自分の予想していたものとは異なっているので、気づかないのだ。このような状態のとき、瞑想行を放棄しないように、自己と静かに語らいつつ、常に自信と勇気を持ちつづける必要がある。自分は正しい道を進んでいるらしいという、かすかな感情を大事にするとよい。

植物の種を、よく眺めてみる。そして、「この種を土に撒《ま》けば植物が生長する」と考え、その生長した姿の植物を思い描いてみる。「いま自分が想像したものが、やがて現実に現われる。この種が模造品だったら、そうはならない。種のなかには、のちに種から現われるものが、目に見えぬかたちで安らいでいる。模造品のなかには、そのような力がない」と、考える。種から生まれるこの不可視のものに、思考と感情を集中する。「この不可視のものが、のちには、目に見える植物に変化する。もし、私がこの経過を考えることができないなら、のちに目に見えるようになるものを、いま想像することはできない」と考える。このように考えたものを、心で感じるようにする。そうすると、やがて目前の種が光の雲に包まれているのが見えてくる(注:実際に種を眺めずに、種を想像するだけだと、幻想になる可能性がある)。

空想と現実を混同してはいけない。真実と錯覚を区別する健全な感覚を育てておかなくてはならない。自分が均衡を保っているか、日常生活で健全さを失っていないか、繰り返し確認しておく必要がある。

ついで、盛りの植物を前に置いて、「この植物が枯れるときが来る。しかし、この植物は種を作り出し、その種から新しい植物が生長する。そのような経過をもたらすものは、目には見えない。植物のなかには、目で見ることのできないものが存在している」と考える。このような考えを心にしみ通らせるようにして種から流れてくる感情を結び付けると、植物から霊的な炎が現われてくる。

ここに到ると、事物は現在の姿を示すだけでなく、その発生・消滅の相があらわになる。ここから、誕生と死の秘密を知ることができ始める。

「秘められた真理の認識において一歩前進しようとするなら、性格を三歩、善に向けて完全なものにせよ」という規則に従う者は、つぎの修練に取り組める。なにかを求めている人を思い浮かべ、その欲求に注意を向ける。つぎに、望みが満された人物、期待が実現した人物を観察する。そうすると、霊的な光のイメージが現われてくる。その人の心の姿だ。しかしこの瞑想を行なうと、他人への愛のない人間になる可能性がある。だから、修行者は人間の尊厳と自由を最高度に尊重するよう、注意しなくてはいけない。他人を無制限に尊重しなくてはいけない。

そして、自分が見た霊的ヴィジョンについて沈黙する必要がある。語ろうとすると、さまざまな空想が混ざり込むからだ。

瞑想行者には、勇気と大胆さが必要だ。危険に面したとき、ただちに「不安は何の役にも立たない。いま何をなすべきかを考えよう」と思えるようになっている必要がある。そもそも、不安や臆病をなくしてしまうのだ。
（〜不安や臆病を消そうとすることは、意志すればするほど難しくなるようにも思われますが、燃え上がる山火事のような不安感、焦燥感も、心眼でただただ見据えているうちに、庭の落ち葉焚きのようなこぢんまりとしたものに変わっていくことはあると思います。そのように不安や臆病心を消し、平常心に戻るべきであろうとこの箇所において私は考えます。）

また準備なく、感覚を越えた次元・領域を目にすると、その光景に耐えられずに、心の均衡を失うことがある。その場合は日常の困難な状況のなかに一度戻り、平安と確信を保ち、善い力を信頼する訓練をしているのがよい。いままでは虚栄心や強欲から行動してきたけれど、日常の次元を超えたとき、いかに虚栄が空しく、強欲が有害か、私たちは身にしみて知ることになる。

ここまで達したとき、修行者は事物の「まことの名」を知ることになる。これが高次の認識の鍵になる。

神秘修行の三段階——秘儀参入

秘儀に参入すると、通常の人間が何度も輪廻したのちに得る知識と能力を、現時点で獲得することになる。普通なら遠い未来までに経験する数多くのことがらを体験せずに、人類が将来獲得する能力をいま得てしまうわけだ。そのため、その恩恵を何かによって穴埋めする必要が出てくる。それが、修行者に課せられる試練だ。

第一の試練は、無機物ならびに生物の体の真相を観照するためのものである。真相は、通常の五感には隠されている。人間の感覚的な知覚を覆っているヴェールを霊的な燃焼過程によって取り去る必要がある。これが「火の試練」だ。日常生活において、自信・勇気を健全に育て、苦痛・失望を平静に耐えることが、火の試練になる。そして天界の認識をとおして、自信・勇気・根気を増すのだ。この試練にうち勝つことによって正しい道を歩んでいるという確信が増し、人々に親切になり、決意は強まり誘惑に屈しなくなる。ここでも、健全な知性がないと、歩みは空しいものになってしまう。

さらに明視的な認識力の育成を心がけていると、天界の出来事や存在を、文字のように読み解く力が心に生じる。いままで目にしていた天界の個々の形・音・色が相互に関連してくる。そして修行者は、天界の観点から行為するようになる。

ここに到ったとき、天界で自由かつ確実に行動できるかどうかの試練がやってくる。外的な誘因によってではなく、秘められた言語が指し示す基準によって行為できなければならない。この試練は「水の試練」と呼ばれる。足が底に届かぬ水中のように、支えのない状態を通過するからだ。この試練によって、修行者は自制心を育成することになる。日常生活において、自己中心的な好悪の念、自分の気分や恣意ではなく、自分を超えた理想に従い、人間としての義務を果たすことがとても大事になってくる。日常生活において自己主張や自負心を控え、自制心を培っておかないと、いざ天界への参入というときに必要な自制心、謙虚さは、付け焼き刃では身に付けることができないからだ。

ここでは確実な判断力が必要になる。現実と幻想を区別できないと、先に進めない。現実と幻想との区別は、高い段階に到るほど困難になる。偏見や執着があっては、失格だ。自分の意見に固執すると、天界における確実さを得られない。夢想・空想・迷信は、進歩を妨げる。

第三の試練は「風の試練」だ。自分を駆り立てる外的な誘因はなく、準備・悟りの段階で現われた、天界の色や形も支えにならない。自分自身のみが支えだ。この試練を通じて、修行者は高次の自己を見出さなくてはいけない。自分自身が唯一確実な支点なのだから、自分を見失ってはならない。精神の現存＝沈着さを身に付けなくてはいけない。日常生活において人生の難題に直面したとき、ためらいなく決断すると、この試練を通過したことになる。

この試練を経た者は、高次の認識の神殿に歩み入ることができる。そのとき、秘密の教義を漏らさぬという誓いをするのだが、沈黙をただ守るということではなく、伝えられた真理をどう具現するか、どう現実世界に浸透させてゆくかが大事となる。それが秘密とされてきた教義の神聖さを損なうものであっても、現実世界を混乱させるものであってもならないからだ。

そして修行者は、いま高次の認識の神殿で出会っていることを、過去の経験から判断しないよう、「忘却の飲みもの」を受け取る。過去は現在を洞察する助けになるのだが、過去を基準にして現在を評価してはいけない。ついで、「記憶の飲みもの」を手にする。高次の秘密を絶えず魂のなかに現存させるためにだ。

実践的な観点——人間の心と魂の高次の教育

通常、人間の心と魂は混ざり合っている。修練に着手すると、心と魂は分節化されて、規則正しいものになっていく。

その際、なによりも必要なのは、忍耐力の育成だ。性急さは、人間のなかにまどろむ高次の力を枯れさせる。忍耐心は高い認識を引き寄せ、性急さは高い認識をはねつける。自らの要求と欲望を完全に沈黙させることが大切だ。どんなに些細なことでも達成できたことに満足し、心に平安があるようにする。魂と心の開発に努めつつ、自分が悟りを開くにふさわしいと天が見なすまで、静かに待つ。そうしていると、まなざしや身振りが安定し、決断力が増してくる（このためには、なにか小さな規則を守るのがよい）。

たとえば侮辱された場合でも、その侮辱によって自分の価値が変わるわけではない、という考えがすぐに浮かぶようになるはずだ。以前だったら湧き起こっていたであろう怒りを心から遠ざけ、他人に対する侮辱をたしなめるような態度で相手に接するのだ。しかし自らの善悪の判断から相手をたしなめてはいけない。

また自分の欠点について弁護すると、霊的進歩の妨げになる。自分の欠点・弱点は、その欠点・弱点を自覚することによってのみ克服できる。人間は自分について幻想を抱きがちだから、真剣に自己認識に取り組む必要がある。

たんなる好奇心から知識を得ようとするのではなく、人格を完成させ、人類の進化に貢献できるために、知を得ようとするべきだ。正しいことを認識するまえに、なにごとかを望むことはできない。

怒ると、心の目を育てる力が入ってこられない。恐れ・迷信・偏見・虚栄・功名心・饒舌《じょうぜつ》を捨てる必要がある。たとえば人種的偏見があると、相手の心を見ることが難しくなる。よく考えずに発言することも、修練の妨げになる。人と話すときには、自分の考えよりも、相手の意見・感情のほうに敬意を払うようにする。語るときは、自分の語ることが相手にとってどのような意味があるかを見通してからにする。論破するのではなく、自分の与えるヒントによって、相手が自ら正しい認識に到ることができるようにする。そういうことが習い性になると、修行者の性格は温和なものに変わっていく。厳格だと、心眼を開けない。温和でいると、周囲の心に対して繊細になる。

そして日常生活の義務を果たしたのち、あるいは果たしつつ、感覚を閉ざして、安らぎのなかにとどまる。いままでの思考習慣を鎮め、内面を静かにして、忍耐強く待つ。そうしていると、心の目、魂の耳が開ける。強引に霊的な力を得ようとはせず、じっくりと自分の内的人間の成長を心がけよう。

静かな自然のなかで生活するのは、修練には好都合だ。それが不可能な場合には、心に染みる書物を栄養源にすることだ。

修練の条件

自分の態度を放置しておきながら、秘密の知識の伝授を要求することはできない。

心身の健康に留意することが、修行の第一条件だ。健全な人間から健全な認識が生じるからだ。禁欲も、精神的満足を味わうために行なっているのであれば、役に立たない。

生活環境が劣悪な場合でも、修行のために住処を変える必要はない。いまの仕事が嫌なときも、その仕事に意味を見出すことが大切だ。

ものごとを誇張する癖や、一面的な判断や感情をなくしておかないと、本当の天界の代わりに、主観的な幻想世界に陥ることが多い。冷静でいることで、客観性が保たれる。

第二の条件は、自分を全体生命の一部と感じることだ。子どもや生徒に問題があるとき、それは自分のせいなのではないか、と親や教師なら思うはずだ。そして自分の態度を振り返り、改めようとする。そのように、自分は人類の一部であり、すべてに責任を負う、と考えることができる。

第三に、修行者は自分の思考・感情が、自分の行為と同じ意味を世界に対して持つ、と実感する必要がある。無垢《むく》な感情や思考は、善良な行為と同じ作用を世界に及ぼす。だから自分を精神的に完成させることは、世界のためになるのだ。

第四の条件は、人間の本質は内面にあると悟ること。自分は心的・精神的存在であると常に感じられることが修練の基盤だ。修行者は外的な情況と、自分が正しいと考えることのあいだで、中庸《ちゅうよう》を進む。外界に適応していればそれでいい、というのではない。高次の認識に向けて努力する自らの心は、真実を探求しなくてはいけない。けれども、周囲にとって有益な働きをするために、外界の意見を尊重すべきだ。こうして、「魂の天秤」が作られる。「外界に開かれた心」と「内的な確かさ・不動の持続力」とのバランスを取るのである。

決意したことは実行する、というのが第五の条件だ。とはいえその努力が大事であって、成果にとらわれてはいけない。善き目的であっても欲望からの行動は成果にとらわれるもので、そのような行動は天界にとって価値がない。

自分に向かってくるあらゆるものに感謝することが第六の条件である。そこには、できることなら避けたいと思うことも含まれる。しかし自分の主観的な判断を捨て、曇りのない心の目で見つめると、自分がどれほど他人や自然界の恩恵に浴しているかを知ることができる。そのことに気づくと、自分のなかに暖かな愛が育つ。この愛こそが、高次の認識に到るには必要なものなのだ。

以上の六つの条件に沿って生きていると、内的な平静さが生まれてくる。修行にはこの内的な平静さが不可欠だ。

これらの条件を満たそうと努力しないと、人間への信頼を持つことはできない。人を信頼すること、人を愛することが、修練にとって必要だ。やがてその愛は、あらゆる存在への愛へと広がっていく。邪悪な者に対しては、善を創造するように努めるのが正しい対処法といえる。修行者は、断罪し、破壊する者ではなく、愛を素材に建設する者である。天界＝精神界とともにある喜びに満たされて行う無償の労務と敬虔さが、修行者には要求される。成功を求めて努力すると、修行は失敗しやすい。また、敬虔な感情を伴わない学習は、前進をもたらさない。修行者がすでに判断できることは、学ぶ必要がない。だから、精神界の尺度ではなく、自らの能力で判断しようとする人は精神界を学べない。認識の階梯を上るにつれて、静かで敬虔な傾聴がますます必要になってくる。

秘儀参入の影響——心の分節化

精神界の研究や瞑想・修練の結果、どのようなことが生じるかを前もって知ることなしに、修練に着手すべきではない。明瞭な意識をもって修行しないと霊媒的になるからだ。

修練によって、チャクラは輝き、回転するようになる。チャクラが回転すると、明晰な意識で天界を見る能力が出てくる。喉の十六弁のチャクラは、心の思考内容のあり方を見ることができる。思考内容や自然の法則を形姿として知覚するのだ。心臓の十二弁のチャクラは、心の志向性を認識する。心の暖かさ・冷たさを知覚するのだ。生長・発育の過程からは心的な暖かさ、衰微・没落への過程からは心的な冷たさが発するのを知覚することによって、このチャクラは自然のいとなみを理解する。鳩尾《みぞおち》の十弁のチャクラは、心の才能・能力を認識する。喉のチャクラ、心臓のチャクラによって知覚された形姿・熱が、鳩尾のチャクラに光・色を示す。

【喉のチャクラの開発】

喉の十六弁のチャクラのうち八弁は、かつて暗い意識状態で活動していた。いま、その八弁は活動を停止している。べつの八弁を開発すると、十六弁全体が活動するようになる。喉のチャクラの開発法は、つぎの八つからなる。

第一に、考えに注意し、常に有意義な思考を心がける。意味のない考えに満足してそこにとどまらない。外界を忠実に映す概念を抱く。不正な考えを心から遠ざける。

第二に、ささいなことでも十分な熟考ののちに決定する。短慮な、根拠のない行動をしない。思慮深くあること。

第三に、意味のあることだけを語る。たんなる思いつきを語ったりしない。人々との付き合いのなかでは、有意義な会話を心がけ、十分に考えた言葉を口にする。

第四に、行動をコントロールする。周囲の世界との調和を心がけ、周囲を妨害したり、周囲と矛盾する行動はしない。行動するときは、何が最適の行動かを考え、自分の行動が引き起こす作用について、前もって熟慮する。

第五に、自然と精神に適った生活をする。急ぎも怠けもしない。過労も怠惰も避ける。

第六に、自分の能力を確める。能力の及ばないことは行なわず、自分ができることはなおざりにしない。自分の理想と義務に関する目標を立てたうえで、日常を越えた精神界への目標に向けて努力する。

第七に、日常生活からできるかぎり多くを学ぶ。自分の行為に不備・誤りがあった場合は、よりよく行なうための教訓とする。同様に、他人の行動からも学ぶ。過去の体験を振り返って吟味してから、決断・実行するようにする。

第八に、自分の内面に向き合い、自己との対話を行なう。そして自分の生活方針、人生の目標について熟考する。

以上の八つが身につき、もはや努力目標ではなく、当然の生活態度になったときに、霊的な知覚能力が現われる。自分の思考・発言が外界の事象と一致していると、このチャクラの開発は促進される。思考・発言に偽りがあると、このチャクラは崩れていく。たとえ善意からであっても、現実と一致しないことを思考・発言すると、このチャクラは衰微する。また天界を予感できはじめたとき、その体験について語ると、進歩が妨げられる。さらになにかを聞いて、すぐに判断し、あとで別の情報が入って、最初の判断を変えるのも、喉のチャクラにとってはよくない。判断を下すには、慎重でなくてはならない。慎重さが、修行者の特徴だ。

論理や理性に重きを置かない方法でチャクラを開発した場合、古代に活動していた八弁のみが活性化される。そうすると、透視に主観的な空想が混ざり、臆病・嫉妬・虚栄心・傲慢さが自分のなかに現われてくる。

(～確実な判断を下そうとする前に、繊細で健康なゆらぎの感覚があることが、正しく修行する者にとって大切なように私は感じます。)

【心臓のチャクラの開発】

心臓の十二弁のチャクラも、そのうちの六弁は古代に活動していた。べつの六弁を開発すると、十二弁すべてが回転する。心臓のチャクラの開発法は、つぎの六つからなる。

第一に、思考の経過をコントロールする。ある思考内容から次の思考内容を論理的に展開させる。

第二に、首尾一貫した行動をする。

第三に、持続力を育てる。自分が正しいと見なす目的から、さまざまな影響や誘惑によって離れないようにする。

第四に、他人や出来事に対する忍耐・寛容を心がける。過剰な批判をせず、理解しようと努力する。迷惑な目に合ったら、酷評するよりも、その必然性を受け入れて、事態の好転に努める。他人の意見については、自分の観点からではなく、相手の立場に立って考えようとする。

第五に、さまざまな現象に対して、とらわれのない態度をとる。どのような人に対しても、信頼をもって向かい合う。自分の意見と矛盾するから信じない、というふうにしないようにする。新たな事態に際しては、自分の見解を吟味し、必要に応じ速やかに訂正する。そして自分に向かってくるものをいったんすべて受け入れ、意気地なさ・猜疑心をなくすように努力する。

第六に、均衡・平静の習得。苦しみ・喜びに直面し、それに巻き込まれず、均衡ある平静な気分を保つようにする。

この訓練をおろそかにすると、修行の道を塞ぐと思われるものにいらだったり、人に対して不寛容になったり、冷淡になったり、気に入らないものを憎むようになってしまう。

【鳩尾《みぞおち》のチャクラの開発】

鳩尾の十弁のチャクラを開発するには、感覚印象を意識的に支配することが必要だ。そうすることによって、幻想の源を統御できるようになる。無意識的な知覚をとおして錯覚が生じるのを防ぐのである（たとえば、読みはしなかったけれど、目の片隅に入った記事に、ある人物の病状が書かれていた。のちに、その人物の死亡を知ったとき、その死を実は自分は予感していた、と錯覚することがある）。外から到来する印象を支配し、自分が知覚しようとしたものだけを知覚する。受け取りたくない印象は、集中力、意志の力によって、受け取らないようにする。思考するときには、その思考内容に結び付くことのみを考えるようにする。この修行に入念に取り組まないと、意識の支配を免れた記憶があふれでてくる。

【腹部のチャクラの開発】

つぎに、腹部の六弁のチャクラの開発である。ここまで来るとすでに身も心も清められて、個人的な欲望・情熱を離れており、高貴な魂に役立つために無私の働きをしている状態になっているはずだ。もはや意志的に統御する必要がないほど、本能・情念は清められている（道徳的義務感によって情欲を外から押さえているあいだは、押さえ付けられた情欲が修行を妨げる）。なにかを断念しても、それで苦しい思いをしているあいだは、本能はそれを求めているわけだ。さて、このように順序立って六弁のチャクラが開発されると、天界の存在たちとの交流が可能になる。ただ六弁のチャクラのみが開発された場合には、天を見ることはできても、理解が伴わないので、混乱が生じる。

秘儀参入の影響——生命の育成

チャクラは心（アストラル・オーラ）のなかで開発される。確かな霊的知覚のために、そのチャクラの働きを生命（エーテル・オーラ）に定着させる必要がある。次のような瞑想で生命の流れを整えるのだ。

まず思考力を深めるために、瞑想を行なう。そうすると、思考は感覚的印象から独立し、修行者の支配する一点に集中する。そうして、生命の流れの中心点が、まず頭部に作られる。集中的な思考の継続により、この生命の中心点が確かなものになると、中心点は次に喉に移る。さらに瞑想を続けると、生命の組織の中心が心臓に移り、そこからエーテルの流れが発するようになる。そうなるとついには、精神界からの内なる言語を理解でき、天に歩み入ることができるようになる（いきなり心臓に中心を作ると、天を見ることはできても、天と地の関係が分からない）。

【生命の育成に関わる四つの特性の開発】

生命（エーテル・オーラ）にチャクラの働きを定着させるため、つぎの四つの特性の開発に取り組む必要がある。

第一に、思考内容に関して、単なる真実と意見を区別する能力。この特性・習慣が身につくと、生命の流れの中心点が頭に作られ、喉の中心点が準備される。

第二に、さまざまな現象に対して、真実と現実を正しく評価する。そうすると、喉の中心点が成熟し、生命の流れを制御できるようになり、生命オーラ《エーテル》の輪郭がきれいにできあがる。

第三に、先に述べた心臓のチャクラを開発する訓練である。

第四に、内面の自由を愛する。これによって、心臓の生命器官が成熟する。

天界の存在たちの姿は、修行者の思考・感情によって変化する。また、修行者自身が生み出したものが、精神界にその姿を現わす。自分の行為・欲望・情熱・性格が獣や邪悪な人間の姿をとって現われるのである。自分が外に向けて発している願望は、自分に向かってくる姿で現われる。さらに自分が発している情欲は、自分に襲いかかる獣のように見える。天界が見えるようになるまえに、自分を冷静に見、自分の性質に気づいていると、眼前に現われてくる自分の醜悪な内面に向き合う勇気を持てるだろう。

そのような自己の鏡像として、低次の自我が眼前に現われる。そして、そのなかにこそ高

最後に留意する
【眉間の2弁のチャクラ】
最初に留意する
【喉の16弁のチャクラ】
2番目に留意する
【心臓の12弁のチャクラ】
3番目に留意する
【鳩尾《みぞおち》の10弁のチャクラ】
4番目に留意する
【腹部の6弁のチャクラ】

ラムセス二世像

次の自己が現われてくる。この遥かな高みに連なる精神的な高次の自己をとおして、修行者は天界と結び付く。

【眉間のチャクラ】

眉間の二弁のチャクラを用いる時がやがてやってくる。このチャクラが回転すると、自分の高次の自己を善なる神霊に結び付けることができる。このチャクラから発する流れが、神霊を照らし出す。根源的な真理を秘めた表象（例えば宗教的・神秘的な象徴《シンボル》や言葉《マントラ》など）に沈潜することによって、眉間のチャクラの流れを統御できる。

健全な理性と道徳が、高次の内的知覚器官を育てる。精神的な自己は、地上の個我のなかで育っていく。

（～この一人ひとりの個我から、未熟な魂の成長が始まるのでしょう）

修行者はやがて自分の高次の自己を知るようになり、この高い自己が天界の存在と結び付く。そして、不完全な地上の個我がまさに天から発したことを、修行者は知る。

【チャクラを活性化する前の注意点～内的平静のためのまとめ】

1、心身の健康さ。

2、自分は全体的生命の一部という感性があること。

3、自分の考えることや抱いた感情は、自分の行いと同じ意味を世界に対して持つという責任感。

4、内面に「開かれた心」と「内的な確かさ・不動の持続力」があること。

5、決意したことは実行する。

6、自分に向かって来るものに感謝し、愛を育む。

秘儀参入の影響――夢の変化・霊的知覚の目覚め

修練の結果、夢が日常のイメージとの関連を示しはじめる。精神的に進歩したことが、夢が規則的になることによって示される（だからといって夢が天からの伝達の源なのではない）。

人間は日常生活と平行して、天界での無意識的な生活を送っている。人間は知覚したこと、考えたことを、すべて天に刻印している。日中、かすかな精神的印象は強烈な物質界の印象にかき消されて、知覚されない。睡眠中、耳目が閉ざされると、霊的な印象が、まだ混乱した姿であるが、現われてくる。

チャクラが開発されると、物質界に属さない知らせが、夢のなかに示される。天界に存在するものが物質界の原因であり、自らの高次の自己が天に存在していることを、修行者は知る。高い自己を自分の本質と見なして、高い自己にふさわしく振る舞うことが課題になる。

霊的な知覚器官からの流れを生命に浸透させ、それを天に送り込んで、天界の存在を照らすことができると、天界の存在を知覚・認識できる。自分の精神的な光を放射できると、はっきりした意識をもって天界を知覚できる。

すると心霊の世界に存在する、物質界の対になるイメージを、修行者は見る。動物・人間の衝動・情熱の心的な対応像を知覚するのである。

修行者は、自分が心眼に映る対象と一体であるように感じる。その対象のなかにいるように感じる。また修行者は天をさすらう。修行者は、天界の一定の場所を正確に研究して、その場所を自分のものにしなくてはいけない。その場所との関連においてほかの天界領域を把握するのだ。天界の故郷を、意識的に選び出すのである。

意識の持続

高次の認識が開けるまで、意識は眠りによって中断される。修練が進むと、夢のなかに天が示されるようになる。さらに修練を続けると、夢のなかだけでなく、いつでも霊的知覚が可能な状態になれる。そして、夢のない眠りを、意識をもって体験・知覚できるようになる。夢を見るように、夢のない眠りの世界を聞くことができるようになる。地上で、遠くにあるものが見えなくても、その音が聞こえてくることがある。同様に、夢のない眠りは夢の世界よりも遠いので、まだ見えてこないのだが、その音は聞こえてくるのだ。もっと意識が開発されれば、夢のない眠りの世界を色・形で見ることができるようになる。

最初のうち、眠りのなかで何かを体験したということは分かるが、何を体験したかは分からない。この段階で修行者が体験するものは、たがいに関連していない。だから、その体験から体系的な認識を導き出そうとしてはいけない。地上の慣習的な思考によって論理化しようとすると、混乱に陥る。眠りのなかから現われる体験が増えてくると、それらの体験どうしがおのずと関連してくる。睡眠は無意識的ではなくなり、覚醒中と睡眠中の意識が連続するようになる。ここでも、不安・焦りは有害だ。強引な前進を試みると、すでに得た霊妙な体験が失われる。

この睡眠中の体験は喜びをもたらすが、しかしそれに捕らわれてはいけない。この体験は日常世界と関連しており、通常の判断力では理解できないことが、睡眠体験によって解明される。睡眠体験を物質界に結び付けるのを怠ると、ただの空想家になってしまう。地上の事物はそもそも天から流出したものだ。いままでは自分の思考活動のなかで暗い影のようであった概念が、睡眠体験をとおし生命的な響きを得て、音・言葉のように変化する。

宇宙の秘密に関連する表象を瞑想することで、高次の心が眠りのなかで誕生する。

修行中の人格の分裂

精神的な能力が開発されはじめた段階で、修行者は天界の事象を体験するのだが、その事象と物質界との関係はまだ認識できない。

心は昼も夜も、天のなかで活動している。どんな人の心も絶えず天から、無意識に刺激を受け取っている。修行者は、この経過を意識化する。地上で、盲人には手引きが必要だが、目の見える者は一人で歩ける。同様に、天界が見えないあいだ、心は神霊によって導かれている。天界が見えるようになると、もはや手引きは不要と見なされる。

霊界には、悪魔や精霊・妖精もいる。地水火風の精霊の力を自分の利益のために使いたい、という誘惑が往々にして生じがちだ。忍耐が足りず、十分に天界の法則を認識できるまで謙虚でいられないと、修行者は身を滅ぼす危険にさらされる。

人間の使命は地上にある。その使命を果たさずに、天界に逃れようとする者は、目標に到達しない。天界は創造力の源だ。その天界に触れることによって、地上での活動が非常に有効なものになる。

（～地上の使命を果たさずに、至福の別世界に逃れようとしても、そのあり方の無明さにより魂の目的地には到達できないと私は思います。だからといってあまり地上のことに苦しみすぎてはいけません。高次の存在を信頼し、静かに時機を待つことも必要です。地上も苦しみばかりではなく、苦の中には喜びの種も多いのですから。）

修練をとおして、思考・感情・意志がそれぞれ自立する。それまでは、この三つが混ざり合って、独自の力を発揮できないでいた。思考・感情・意志がそれぞれ自立すると、各々の力が際立って発揮されることになる。この三つは、いままでの結び付きを脱すると、外に向けて力を発揮できるのだ。そうして、天界の存在と意識的な関係を持てるようになる。

ここで必要なのは、この三つの力を、普段よりも高次の意識によって結び付けることだ。もう、思考は行為に導かなくなる。また、動機なしにも行為できるようになる。意志が暴走すると、行動に抑制のない、暴力的な性質の人間になる。感情が独走すると、教祖に依存するようになったり、盲信的・狂信的になる。思考が突出すると、生活を蔑視して、隠遁するようになる。修練を始めると、いままでの思考・感情・意志の弱点が、このように際立った形で現われることがある。

睡眠体験を認識できるだけの段階では、まだ安定した日中の生活が心に均衡を取り戻させる。危険なのは、日中の生活が自分を消耗、あるいは扇動する場合だ。だから、心に不安・焦りをもたらすものは避けるべきだ。瞑想行者は人生の状況を平静に見渡す必要がある。

境域を見張る者

思考・感情・意志が分離しはじめると、修行者は天と地の境域を見張る者に出会う。自分自身の行為・思念を素材としてできている、心的な形姿だ。

「いままで、おまえには見えなかった力が、おまえを支配してきた。その力は、おまえの善い行ないには褒賞《ほうしょう》、悪い行ないには悪しき結果を引き起こしてきた。その影響をとおして、おまえは経験と思考から、おまえの性格を築いてきた」

と、境域の監視者は語る。

「しかし、いま、おまえの過去の人生の善い面と悪い面すべてが、おまえに示されるべきだ。それらは、いままで、おまえ自身のなかに織り込まれていた。しかし、いま、それらはおまえから離れて、おまえの外に出る。それが私だ。おまえの高貴な行ないと邪悪な行ないから、私の体は作られている」。

境域の監視者に出会うまでは、隠された運命の叡智が人間のなかで、境域の監視者の汚れを消そうと働いてきた。境域の監視者が人間の外に出ることによって、隠れた叡智は人間から去っていく。修行者自身の叡智が、隠れた叡智の課題を引き継がねばならない。修行者が不正なことを行なったり考えたりすると、境域の監視者の姿は醜く、悪魔的になる。修行者が自己を清めると、境域の監視者の姿は美しく輝く。そうなった時点で、境域の監視者は修行者と再び合一する。

修行者自身が過去の生活の結果として作ってきた性格を、境域の監視者は示している。境域の監視者に出会ったあと、修行者は自分個人のことだけでなく、属している民族・人種の課題にも意識的に取り組まねばならない。

天界への境域を通過した修行者から、神々は手を引く。修行者は共同体から出て行かなくてはならない。それまでに、民族神・人種神の力を身につけておかないと、自分個人に凝り固まって、破滅することになる。

境域を通過した修行者のまえには、闇が広がっている。境域の監視者が発する光が、ときおり、その闇を照らす。

「おまえ自身が闇を照らし出す光となるまで、この境域を越えるな」と、境域の監視者は修行者に語る。自分を守っていた種族神・民族神・人種神の姿を、境域の監視者は修行者に見せる。修行者は、いままで自分がどのように導かれてきたかを知ると同時に、今後はそのような導きがなくなることを知る。

この境域で修行者は、新しい人生の基調になる天上的な浄福を予感する。新たな自由感が、ほかのさまざまな感情に勝って湧き起こる。そして、「新たな義務と責任をすすんで引き受けよう」と思う。

境域の大監視者

境域の監視者の体は、人間の思考・感情・行為の結果からできていた。その結果が、人間の性格と運命を作ってきたのだ。人間の本質は地上において未完成であり、また、地上においてのみ完成していける。人間は地上で獲得できる能力を、何回もの輪廻においてすべて育てなくてはならない。修練をとおして、地上の価値が真に認識できる。地上を十分に体験しないと、天において無力となる。天界を見る目は、地上での体験をとおして作られるのである。地上で魂の目を作らないと、天界では魂の目を持つことができない。

思考・感情・意志の分立がさらに進むと、境域の大監視者が出現する。

「おまえは自分のためには、もはや体を必要としない。天に安らおうと欲するなら、おまえは地上に還る必要はない。しかし、おまえは自分が得た力をもって、地上のために働くべきだ。おまえは解脱した。これからは、地上の人々の救済のために働くことができる。おまえが得たすべての力を、人々の救済のために用いるまで、私はおまえを最高天には入らせない」と、境域の大監視者は修行者に語る。

至福への誘惑に陥ることがないまで心が純化されているかどうかに、正道・邪道のどちらを行くかが懸かっている。この誘惑が最大の誘惑だ。それ以外には、もはや何も修行者の利己心に語りかけない。

(そして神へのまっしぐらな愛と、私たちを慈しみ育てる神からの圧倒的な愛ゆえに、ここで述べられる最大の誘惑にも躓かなかった先人は数多《あまた》いらっしゃったと私は思っています。)

高次元の認識の段階

目覚めと眠りのほかに、第三の心の状態を得たとき、人間は高次元世界の認識に達する。目覚めているとき、人間は感覚界の印象に没頭している。眠っているときは、意識を失っている。感覚の印象が排除されていながらも、心が意識を保っていると、心は高次元世界に向き合うことができる。

睡眠中、心は体から離れている。瞑想中も、心は体から離れる。睡眠中、心は無意識だが、瞑想中、心は日中よりも高い目覚めの状態にある。日中は、体の経過が心に示すものが鏡像のように知覚されるのに対して、瞑想中は心自体が内的に体験される。

瞑想を始めるにあたって、倫理的な生活を送っていないと、超感覚的なものを洞察することは不可能であり、有害である。

さて外的な対象や経過を写すイメージが外界を拠り所としているのに対し、瞑想に用いられる象徴的なイメージは感覚界から自立している。そのようなイメージが、心を物質への依存から解き放ってくれる。

まずある植物がどのように地に根付き、どのように葉が出ていくか、そしてどのように花を開くかを思い描いてみよう。次にこの植物のかたわらに、一人の人間を思い描く。人間は植物よりも高い特性と能力を持っている。植物が地面に縛り付けられているのに対して、人間は自分の感情と意志にしたがって、あちらこちらへと移動できる。だが、人間は欲望と情念に縛られている。植物は純粋な生長の法則に従って葉を出し、花を無垢に、清らかな日光に向けている。人間はある点で、植物より完全である。けれどもその完全さは、純粋な植物の力に、衝動・欲望・情念を付け加えることによって手に入れることができたのだ。緑の樹液が植物のなかを流れている。それは純粋無垢な生長法則を表わしている。赤い血液が人間の血管のなかを流れている。それは衝動・欲望・情念を表現している。人間は衝動・情念を、自分の高貴な心の能力によって清めることができる。衝動・情念のなかの低次のものが根絶され、それが高次の段階で再生する。そうすると、血は清められ純化された衝動・情熱を表現するものになる。薔薇の花びらのなかで、緑の樹液は赤に変化している。赤い薔薇は、緑の葉と同じく純粋で無垢な生長の法則に従っている。低次のものを捨てて純化された衝動・情念は、その純粋さにおいて赤い薔薇のなかに働く力に等しい。赤い薔薇は、清められた衝動・情念を表わす血の象徴になるのだ。

　生長する植物を思い描くとき、瞑想者は至福を感じる。人間が悪しき衝動や情念を得ることと引き換えに進化することができたと考えるときは、厳粛な感情を抱く。そして、人間の赤い血が、薔薇の花のように純粋なものを担えるようになると考えるとき、幸福感が湧き上がってくる。

ついで、黒い十字架を思い描く。この十字架は、根絶された低い衝動・情念を象徴する。そして、円環状に七つ、赤く輝く薔薇の花をイメージする。この薔薇は、清められた情念・衝動を表わす。

また文章・言葉に沈潜することもできる。天界の本質を端的に示す言葉に集中するのである。

そして感情への沈潜は、効果が大きい。たとえば「喜び」という感情である。地上の経過に対する喜びではなく、何かが得られたからという喜びでもなく、道徳的な理念に、あるいは実存する「喜び」そのものに触れることで喜びを感じるのである。外的な印象によって生じたのではない豊かな感情が心を支配することによって、内的な心の力が目覚めてくる。

このような象徴的なイメージにしろ、言葉にしろ、感情にしろ、内的な沈潜は心を感覚的な知覚から引き離し、内にまどろんでいる心の力を発展させる。その沈潜が冷静で平静であるほど、作用は大きい。内的沈潜の成果を知覚できるまでには時間がかかるので、忍耐・持続力をもって、平静に修行を続ける必要がある。

瞑想をとおして、まず「イマジネーション」が獲得される。三段階からなる高次認識の第一段階だ。

象徴像は人間の心を、感覚的な知覚および分別・判断に結び付いている脳から解き放つ。心は体の器官から抜け出て、以前の自分のかたわらに新しい自己を感じるようになる。物質的な感覚と物質的な分別に結び付いた自分から、新しい自己が抜け出るのが最初の精神的な体験だ。この新たに誕生した高次の自己が、天界を知覚する。

ここに到った瞑想者の心は、心霊の世界で、まず自らを知覚する。自分自身の本質を反射するイメージを目にするのだ。そのイメージから目をそらせることができないのなら束縛され囚われてしまった状態だ。心を自由に活動させるために、そのイメージを意識から消せる意志の力を作らなくてはいけない。だが、いくらそのように努めても、消え去らないイメージがある。それが自分の心の核のイメージだ。このイメージのなかで、瞑想者は輪廻する自分の本質を知る。

霊的な観照に導くイメージを瞑想したあと、そのイメージを消し去った状態にとどまってみる。イメージを消したところに、天界の現実を示すものが現われ、精神の国・心霊の世界を観察できるようになる。

瞑想を続けていくと、朝、「私は睡眠中、別世界にいた。その世界から、私は目覚める」と感じるようになる。さらに睡眠中、「いま、私は別世界にいる」と気づくようになる。睡眠中に精神の国・心霊の世界を意識を失わないで目にしたり、起きてから、その状態を振り返れるようになる。

さて、いままでの自分のかたわらに高次の自己が生まれ出て、神霊を知覚するようになった段階で、強い自己愛が生じる。自分が達した精神世界でこのまま至福の状態に浸っていたい、という思いが生じる。しかし強い意志をもって、この思いを克服しなくてはいけない。

さらに瞑想行をとおして高次の自己を生み出すと、高次の自己に向けられる分だけ、いきいきとした力が通常の自分から取り去られる。高次の自己が生まれ出ると、日常の自分は高次の自己から独立することになる。あらかじめ思考を秩序だったものに整えておかないと、日常の自分のなかに、無秩序で錯綜した空想的な考えが現われてくる。論理的な思考力を日頃から育てていると、通常の自分を高次の自己から独立させても安全だ。

高次の自己が目覚め超感覚的な認識活動を始めるまえに、日常生活においては道徳・良心を十分に形成し、本能的な衝動や情熱、反射的な怒りを支配できるようになっている必要がある。そうしないと、「真理感覚」が十分に機能しない。思考・意志・感情をバランスよく支配できるようになった心は安定感があり、高次の自己が生まれ出るときの確かな基盤となる。

【思考・感情・意志のコントロール】

第一に必要なのは、事実に即した思考だ。その修練のために、毎日すくなくとも五分間以上、身近な物について集中的に考えてみる。注意をほかにそらさず、「どんな素材からできているか。その素材はどのようにして準備されたのか。その素材をどのように組み立てるのか」と、考えていく。このようにして思考のプロセスを支配できると、ものごと全般の成り立ち、宇宙の成り立ちについて、確かな見解を得ることができる。

第二に、自分の意志衝動を支配する。何を行なうか時刻を決めて、それを毎日実行するのだ。意志を支配できると、現実離れした空しい欲求を抱かなくなる。

第三に、冷静な感情を保つ。快と苦の両方に対して平静であるということだ。喜怒哀楽を豊かに感じつつ、その感情表現を自覚的に制御するのだ。感情をあらわにして我を忘れる、ということがないようにする。そうすると、繊細な感受性が育まれるとともに、安らぎの感情を意識的にもつことができる。この安らぎ、心の平和によって、通常の自分が高次の自己のかたわらで不健全な生活を送ることが避けられる（自分は冷静だと思い込んでいる人も、天界に参入すると、日常では抑制されていた不均衡が現われ、思わぬヒステリーや癇癪、尊大さ、底なしの不安感を引き起こしたりすることがあるので、皆この修練を行なう必要がある）。

第四に、「世界判断における積極性」の修練である。醜悪なもの、邪悪なものを目にしても、そのことによって、善良な部分、美しい部分が見えなくならないようにするのだ。この修練をとおして、思考と感情が新たに結ばれる。

第五に、いままでの体験にとらわれずに、新しい体験に向かい合う。そうすると、思考と意志があらためて結び付く。先入観・偏見を捨てて、「人生理解におけるとらわれのなさ」を育てる。いままでの経験を尊重しつつ、新しい体験を学ぶのだ。

そうして毎日一定の時間に、平安に満たされた内的な沈潜の時間を作り、個人的な要件から離れて、人間一般に関することがらへと思いを深めると、天界からのメッセージが、柔和で謙虚になった心に満ちてくる。自分に向かってくる、良いことばかりではないさまざまな出来事と落ち着いて向き合い、主観的な心からではなく、その出来事自体の意味と価値にしたがって判断をくだすのだ。そのようにして、健全な判断力をあらかじめ身に付けておかないと、そののち天界が開示されても、不正確に知覚することになる。さらに判断力の健全さがあっても、不道徳な心をもって天界に参入した場合には、朦朧《もうろう》とした霊視しかできない。

また、自分の体験を他人のことのように見なす練習も必要だ。一日のいとなみが終わったときに、日中の体験をイメージとして思い浮かべ、自分を客観的に観察するのだ。日中の自分を、外側から眺めてみるのである。さらに日中の体験を逆の順序で、数分以内で回想してみる。これはとても重要なレッスンとなる。地上の時間の経過とは逆の方向に事の経過を思い描いていくことによって、天界に精通する準備ができるからだ。

*

考え思うことは人間の内部で行われることだから、その本性は天界と関係している。けれども、人間は思考を物質界に結び付けることに慣れすぎてしまっている。感覚的知覚から自由になった思考（物質界に束縛されていない思考）が、瞑想には必要だ。高次世界についての報告を自分の思考内容としてみると、感覚世界の縛りを超えて自由な思考に到れる。

人間は深く一心に考えるとき、超感覚的な生命領域のなかにいる。物質界を観察する人は、自分を物質界の事物とは別個の存在として感じているが、五感のもたらすものに捕らわれることなく自由に考えることができる人は、対象物と自分が一体であるように感じる。あるいは、対象物が自分のなかで自らを告げるように感じる。

＊

瞑想行者は自らの心に働きかける。瞑想・観想に用いられる感覚界から自立している象徴的なイメージへの沈潜をとおして、心のなかに知覚器官＝チャクラが作られる。チャクラを形成するための修行は「準備」または「浄化」と呼ばれる。そのチャクラを用いて天界を知覚することを「悟り」という。心に平安と謙虚さのある修行者には、修行の成果が現われるまえから、正しい修行をしているという確信が沈黙のなかに生まれてくる。一方、瞑想をしても何も見えてこないと思い込んでいる場合もある。自分が空想的に思い描いていた天界の情景と、実際の天界＝精神界が違うからだ。いずれにしても、修練には忍耐・持続力が必要だ。天界を覗き見るような部分的な成果は、全体的な進歩を遅らせることがある。

＊

地上の存在は、発生し、消滅する。心霊の世界では、誕生・死滅ではなく、ある存在が別の存在へと変容する。心霊の世界は絶え間ない動揺の世界といえる。だから、そこでは瞑想者は方向を定められない。「インスピレーション」へと前進すると、静止点に到る。

イマジネーションをとおして、瞑想行者は神霊の心の表われを認識する。一方インスピレーションは「解読」に似ている。インスピレーションなしには、心霊の世界は、見ることはできるが読むことのできない文字のようなものだ。イマジネーションによって見える形姿の意味を、インスピレーションによって解読するのである。そして、「インテュイション」によって、瞑想行者は神霊存在の内面に入っていく。インテュイションに到ると、修行者は自分を精神存在として天界における姿で知る。

精神世界の探求者は、「自分に関心のあることだけを知りたい」と思ってはならない。宇宙進化のような変転する壮大な世界のありようについて知ることなしに、興味をひかれる特定のことがらだけを知りたいと思うべきではない。自分が得たいと思っている知識は、遠く隔たった、一見、不必要と思われるような認識なしには、決して得られないからである。

＊

インスピレーションに達するには、イマジネーションに到るために用いたイメージを意識から消し去り、そのイメージを作り出した精神活動を心のなかに保つ。「私自身の心の経過をしっかり保とう。だが、イメージそのものは意識から消し去ろう。そのイメージを成立させるために私の心が行なったことを、私のなかに感じよう。このイメージを創造した私自身の活動のなかに、内的に生きよう。イメージのなかではなく、イメージを作り出す私の心の活動に沈潜しよう」とするのだ。

瞑想行者は、自分の内面に沈潜する能力とともに、外界のあらゆる印象に開かれた感受性を持つ必要がある。そして自分の体験を、共感・反感、個人的な感情・利害を交えずに作用させることが、超感覚的な認識の準備になる。他人の人格の欠陥を知ったときには、ただ批判するのではなく、理解しようと努める。誤りを裁くことによっては、学べない。その誤りを理解しようとすることによってのみ、学べるのである。

心的・精神的に発展するために特に大事なのは、尊敬という感情だ。たとえば星空を見て高次の諸力の啓示に感嘆できる者が、超感覚的な認識へと高まっていくように、純粋な尊敬や憧れをだれかに抱いたとき、「自分の内面に隠れている力を発展させれば、自分が尊敬する人に等しい者になれる」という自信を失わないようにする。

(〜「憧れ」という感情は、誰かに向けるだけで終わらせず、その高揚する何とも言えないひそかな望みのような思いを、心のなかにいきいきと留め置いてみると、それは日常を超えて自分が本当に望むところの高みへと引き上げてくれる、貴重なガイドとなってくれるように私には思えます。)

私が現在有している判断能力よりも正しく私を導く何かが、私のなかに生きている。この「私のなかの何か」に、内的感覚を開いておかなくてはならない。ただ、自分の判断力を捨てて、漠然とした予感に突き動かされるようになると、不確かな衝動に弄ばれるようになる。修行者は空想・夢想に耽ってはならない。不明瞭・不可解なものを偏愛するのは迷信家といえよう。

さて、イマジネーションに到るために用いたイメージを消し去り、そのときの自分の心の活動に没頭することによって、インスピレーションに到達できる。インスピレーション獲得のために沈潜した自分の心の活動のなかに生きることもなくして、既知の外的・内的体験を心のなかに有さないようにすると、インテュイションに到る。外的体験・内的体験のすべてを捨て去り空っぽにしたあと、意識のなかに残るものに沈潜するのだ。繰り返すと、象徴イメージをとおして、イマジネーションに到達した。ついで、イメージを意識から遠ざけて、自分の心の活動に沈潜することによってインスピレーションに達した。これらの段階では、瞑想者はまだ錯誤に陥る可能性がある。自分の心の活動も意識から遠ざけて、インテュイションに到ると、天界を明瞭に見渡せる。

＊

心からチャクラが形成されると、イマジネーションが得られる。インスピレーション・インテュイションに向けて修練すると、生命のなかに、いままで存在しなかった流れが現われる。生命の中心が、まず眉間に作られ、ついで喉に移り、最終的に心臓のあたりに到る。この時点で、生命を細かい網で包む流れ・輝きが、生命体の周囲に形成されなくてはいけない。インスピレーションに到るとき、網が生命体のなかにできていないと、心霊の世界・精神の国と自分が混ざり合い、自分と心霊の世界・精神の国とを区別できなくなる。

インテュイションに到る修練は、体にも作用を及ぼす。けれども、人体はインテュイションに到るには粗雑すぎ、修練を妨害する。修行者は、たとえば心と調和するように呼吸する必要を感じるのだが、インテュイションへの修練の結果が体に現われるのであって、肉体的な修行は退けられる。

【思考・感情・意志から生まれる第四、第五、第六の力と第七の存在】

精神探求の生活を始めるまでは、思考・感情・意志はおのずと結び付いていた。瞑想行の途上で、その結び付きがなくなり、思考・感情・意志が独立する。魂はこの三つの力を導けるよう、強くならなくてはならない。

この三つに加えて、独立した思考が第四の、特別の心的・精神的存在の出現を刺激する。独立した感情と意志からも新しい第五と第六の精神存在が生まれる。さらに、自分の魂に似た、第七の存在が現われる。この第七の存在が、地上と天界との境域を見張る者、境域の監視者だ。

人間の魂のまわりには、性癖・好き嫌い・情熱・意見などがまとわりついてくる。魂はカルマを引き寄せる。天界に参入するとき、魂に付着するものが、瞑想者のまえに現われる。それが境域の監視者と言わる存在の本性だ。

まっとうな瞑想行を行なっていると、霊的な知覚器官が育成されたときに、自分自身のあらわな姿が出現する。人間は自分の本当の姿を目のあたりにすると、その醜さに自信を失う。そうならないために、健全な判断力を育て、しっかりとした性格と敬虔な感情を育んでおく必要がある。また、宇宙進化の経過を研究して、はるか昔から人類全体のなかに悪魔的な力が入り込んでいることを知っておくと、自分のなかに邪悪な力を見出しても耐えられる。

さらに修行者にとって大きくたちふさがるものが、人間の心の深みにある羞恥心だ。恥ずかしいという感情が、自分の内的本質がイメージとして現われるのを妨げる。自分のありのままの姿を、恥ずかしいという感情が覆い隠すのだ。この感情は、実に天界をも覆い隠す。また、人間が自分に働きかけて霊的な知覚器官を育成することも妨げてしまう。

人間が天界に接近すると、恥ずかしいという感情によって、境域の監視者は姿を消す。同時に、境域の監視者は天界を隠す。境域の監視者は、人間が不用意に天界に入らないように見張っているのだ。

判断力・感情・性格を成熟させずに天界に参入すると、境域の監視者に押し潰されることになる。また、境域の監視者を迂回して天界に参入すると、果てしない錯誤に陥る。

心霊の世界のイメージは、そのイメージを人間がどのように感じるかによって変化する。心霊の世界に現われるイメージに快か不快を感じると、そのイメージの姿が変わる。そのイメージは、瞑想行者の内面を反映するものなのだ。

瞑想行者は、自分と天界を区別できなくてはいけない。そのためには、自分が天界に向けて発する作用を取り除かなくてはいけない。自分が何を天界に持ち込んでいるか、認識しておく以外に方法はない。あらかじめ徹底的な自己認識をしておくと、天界を混ざりものなしに知覚できる。

境域の監視者、すなわち物質界と天界との境域を見張る者の姿をとおして、瞑想行者が自分のなかにあるもの、自分が天界に持ち込むものを認識すると、天界を誤った姿で見なくなる。

*

やがて瞑想行者のなかで、境域の監視者との戦いが始まる。高次の自己の影響下にないものを、境域の監視者に行なわせないことによって、人間の力は確かなものになる。高次の自己は、自分とは別の存在のように現われる（修行者は高次の自己の全体像を見ることはできない）。境域の監視者は、高次の自己の発展に抵抗し、妨害する。

修行者は境域の監視者の姿に恐怖を感じて、先に進むことを放棄し、境域の監視者の姿に囚われることがある。ところが、囚われの身になったことが分からず、自分は最高の認識に到ったと思い込んで、もう努力は不要と思ってしまう。

（～いままでこつこつと培ってきた真に崇高なものへの純粋な敬意と、忍耐強い謙遜の心がここで必要になってくるように私は思います。）

そのような錯誤に陥らずに、さらに道を進むと、ついには境域の大監視者と言うべき神霊存在（エデンの園を守る智天使《ケルビム》、あるいは太陽神※）が出現する。ここでも、不正な方法で境域の大監視者に出会うと、人は計り知れない恐怖を感じる。

＊

大監視者との出会いを無事に果たせた修行者は、やがて自分＝小宇宙と大宇宙との関係を知るようになる。そして、自分を保ちつつ、大宇宙と合一するのを感じる。

輪廻をとおして、人間の心の能力・特性は変化してきた。修練の方法も、人間の進化に応じて変わっていく。

（※私はここで、ダマスコへの途上にてパウロが体験した昇天後のキリスト、そして陽光の煌めきのなかに大日如来を思い浮かべてしまうのですが、皆さまはいかがでしょうか……）

シュタイナー年譜

一八六一年二月二五日、ルドルフ・ヨゼフ・ロレンツ・シュタイナー（Rudolf Joseph Lorenz Steiner）、クラリエヴェック（当時はハンガリー、現在はクロアチア）で誕生。父ヨハン・シュタイナー（一八二九―一九一〇）は南オーストリア鉄道勤務。母フランチスカ（旧姓ブリー、一八三四―一九一八）は布地商の末娘。同月二七日、生家から五キロ南東ドラスコヴェックの教会で受洗。

一八六二年（一歳）　夏、メードリングに転居。

一八六三年（二歳）　年頭、ポストシャッハに転居。

一八六四年（三歳）　一一月一五日、妹レオポルディーネ誕生。彼女は縫子になり、生涯、父母の面倒を見た。

一八六六年（五歳）　七月二八日、聾唖の弟グスタフ誕生。

一八六七年（六歳）　一〇月から学校に通うが、校長とのあいだに諍いが生じ、父が勉強を見る。

一八六九年（八歳）　ノイデルフルに転居。学校の授業は代用教員（ハインリヒ・ガングル）が行なう。

一八七〇年（九歳）　幾何学の本に熱中。

一八七一年（一〇歳）　教会の牧師（フランツ・マラツ）からコペルニクスの宇宙観を学ぶ。

一八七二年（一一歳）　文科高等中学校に受かるが、父の意向で実業学校に通う。

一八七六年（一五歳）　同級生・下級生の補習を行なう。

一八七七年（一六歳）　カント『純粋理性批判』を読む。

一八七九年（一八歳）　七月、実業学校卒業。八月、父の転勤に伴い、オーベルラーに転居。夏から秋にかけて、フィヒテの知識学に没頭。一〇月、ウィーン工科大学に入学。

一八八〇年（一九歳）　薬草採集人フェリックス・コグツキー（一八三三―一九〇九）と知り合う。カール・ユリウス・シュレーアー（一八二五―一九〇〇）の講義「シラーの生涯と作品」「ゲーテ以後のドイツ詩歌の歴史」に出席。

一八八二年（二一歳）　コグツキーを通して導師に会う。秋、シュレーアーの紹介で、ヨゼフ・キュルシュナー（一八五三―一九〇二）編集〈ドイツ国民文学全集〉の『ゲーテの自然科学論文』編集を依頼される。

一八八三年（二二歳）　一〇月一八日、ウィーン工科大学を中退。

一八八四年（二三歳）　三月、『ゲーテの自然科学論文』第一巻出版される。七月、ウィーンの木綿商シュペヒト家の四人の子供の家庭教師になる。

一八八五年（二四歳）　ハルトマンらの哲学書を読む。

一八八六年（二五歳）　春、女流作家マリー・オイゲニー・デレ・グラツィエ（一八六四―一九三一）と知り合い、彼女のサロンで、ウィーン大学の神学者、ヴィルヘルム・ノイマン（一八三七―一九一九）、ラウレンツ・ミュルナー（一八四八―一九一二）らと交際する。一〇月、『ゲーテ的世界観の認識論要綱』出版。

一八八八年（二七歳） 一一月九日、ウィーンのゲーテ協会で「新しい美学の父としてのゲーテ」と題して講演。

一八八九年（二八歳） 冬、ウィーンの神智学者フリードリヒ・エックシュタイン（一八六一―一九三九）と知り合う。シネット『密教』、メーベル・コリンズ『道の光』を読む。

一八九〇年（二九歳） 春、女流作家・画家ローザ・マイレーダー（一八五八―一九三八）と知り合う。九月三〇日より、ワイマールのゲーテ・シラー文書館で働く。

一八九一年（三〇歳） 春以降、仕事を苦痛と感じるようになる。一〇月、学位論文「認識論の基礎問題―特にフィヒテの知識学を考慮して」によって、ロストック大学より哲学博士号取得。ワイマール（ゾフィー）版〈ゲーテ全集〉の『形態学・自然科学論文』を刊行。一一月二七日、ウィーンで「ゲーテのメルヘン」について講演。

一八九二年（三一歳） 五月、『真理と学問』出版。夏、アンナ・オイニケ（一八五三―一九一一）の家（プレラー通り二番地）に引っ越す（アンナ・オイニケは娘四人と息子一人がいる寡婦）。

一八九三年（三二歳） 一一月、『自由の哲学』出版。

一八九四年（三三歳） 春、ニーチェの妹エリザベート・フェルスター＝ニーチェ（一八四六―一九三五）と知り合う。

一八九五年（三四歳）　五月『フリードリヒ・ニーチェ─反時代的闘士』出版。

一八九六年（三五歳）　ゲーテ・シラー文書館の仕事をやめる。

一八九七年（三六歳）　ベルリンに転居。七月、シュタイナー編集『文学マガジン』創刊。『ゲーテの世界観』出版。

一八九八年（三七歳）　シュタイナー編集『演劇雑誌』創刊。

一八九九年（三八歳）　一月一三日よりベルリンの労働者教養学校で歴史・話術・文章表現法の講義を始める。一〇月三一日、アンナ・オイニケと結婚（フリーデナウ、カイザー通り九五番地に住む）。『文学マガジン』に「ゲーテの秘密の開示」を書く。

一九〇〇年（三九歳）　ドイツの作家ルードヴィヒ・ヤコボフスキー（一八六八─一九〇〇）が設立した〈来たるべき者たち〉、ブルーノ・ヴィレ（一八六〇─一九二八）が創立した〈ジョルダーノ・ブルーノ同盟〉と交流。九月二九日、『文学マガジン』の仕事をやめる。初秋、カイ・ブロックドルフ伯爵（一八四四─一九二一）とゾフィー・ブロックドルフ伯爵夫人（一八四八─一九〇六）より、ベルリンの神智学文庫での講演を依頼され、九月二二日に「ニーチェ」、二九日に「ゲーテの秘められた開示」について語る。一〇月六日より、神智学文庫で「近代精神生活の黎明期の神秘主義」について連続講義。『一九世紀の世界観と人生観』出版。

一九〇一年（四〇歳）　一〇月一九日より神智学文庫で「神秘的事実としてのキリスト教と古代の密儀」について連続講義を行なう。

一九〇二年（四一歳）　一月一七日、神智学協会の会員になる。一〇月一九日、神智学協会ドイツ支部設立。シュタイナーは事務総長となる。支部設立にあたって、「実践的カルマ修行」について講演。ロシア生まれの女優マリー・フォン・ジーフェルス（一八六七―一九四八）との交流はじまる。

一九〇三年（四二歳）　年頭、ゼー通り四〇番地に転居。三月、建築家ハウスでの公開講演を開始。五月、シュタイナー編集『ルツィファー』創刊。一〇月、モッツ通り一七番地に転居。

一九〇四年（四三歳）　春、アンナと別居。五月、『神智学』出版。同月一〇日、神智学協会の秘教学院での活動を始める。『ルツィファー』はウィーンの雑誌『グノーシス』と合併して、『ルツィファー・グノーシス』と誌名を改める。六月から『ルツィファー・グノーシス』に「いかにして高次世界の認識に到るか」を連載。七月から『ルツィファー・グノーシス』に「アーカーシャ年代記より」を連載。

一九〇五年（四四歳）　「神智学と社会問題」について各地で講演。労働者教養学校での講義をやめる。九月～一一月、ベルリンで連続講義「秘教の基本要素」。『ルツィファー・グノーシス』一〇月号から「霊的認識の階梯」を連載。

一九〇六年（四五歳）　フランスの作家エドゥアール・シュレー（一八四一―一九二九）と知り合う。八～九月、シュトゥットガルトで連続講義「神智学の門前にて」。

一九〇七年（四六歳）　五月、ミュンヘンで神智学協会ヨーロッパ支部連合会議開催。シュレー

一九〇八年　作『エレウシス神聖劇』上演。同月～六月、ミュンヘンで連続講義「薔薇十字神智学」。
（四七歳）　五月、ハンブルクで連続講義「ヨハネ福音書講義」。六月、ニュルンベルグで連続講義「黙示録の秘密」。八月一日、マリー・フォン・ジーフェルスが哲学・神智学出版社を設立。同月、シュトゥットガルトで連続講義「宇宙・地球・人間」。九月、ライプツィヒで連続講義「エジプトの神話と密儀」。一〇月からベルリンで連続講義「精神科学的人間学」。

一九〇九年　（四八歳）　一月、ドイツの詩人クリスティアン・モルゲンシュテルン（一八七一―一九一四）と知り合う。四月、デュッセルドルフで連続講義「神霊存在の物質界における反映」。八月、ミュンヘンでシュレー作『ルシファーの子供たち』上演。同月、ミュンヘンで連続講義「西洋の光のなかの東洋」。九月、バーゼルで連続講義「ルカ福音書講義」。一〇月からベルリンで連続講義「キリスト衝動と個我意識の発展」。

一九一〇年　（四九歳）　一月～四月、各地で「エーテル界へのキリストの出現」について語る。三月、ウィーンで連続講義「大宇宙と小宇宙」。五月、ハンブルグで連続講義「カルマの開示」。六月、オスロで連続講義「民族魂の使命」。八月、神秘劇第一部「秘儀参入の門」上演。同月、ミュンヘンで連続講義「創世記の秘密」。九月、ベルンで連続講義「マタイ福音書講義」。一二月からシュトゥットガルトで連続講義「世界史の秘密」。『神秘学概論』出版。

一九一一年（五〇歳）　一月、神智学協会代表アニー・ベサント（一八四七—一九三三）の養子ジドゥ・クリシュナムルティ（一八九五—一九八六）を救世主とする〈東方の星教団〉がインドで設立される。三月一九日、アンナ・シュタイナー死去。二〇日からプラハで連続講義「秘められた生理学」。八月、ミュンヘンで神秘劇第二部「心魂の試練」上演。同月、ミュンヘンで連続講義「宇宙の奇跡・心魂の試練・精神の開示」。一〇月、カールスルーエで連続講義「イエスからキリストへ」、ベルリンで連続講義「霊的観点から見た宇宙の進化」。一二月、ハノーヴァーで連続講義「感覚界と精神界」。

一九一二年（五一歳）　四月、ヘルシンキで連続講義「天体と自然界の中の神霊存在」。六月、オスロで連続講義「神秘学・神智学・哲学の光の中の人間」。八月、ミュンヘンで神秘劇第三部「境域を見張る者」上演。引き続き、連続講義「秘儀参入・永遠と瞬間・霊の光と生の闇」。九月、バーゼルで連続講義「マルコ福音書講義」。同月、ボードミンゲンでオイリュトミー講習。一一月からベルリンで連続講義「宇宙的事実との関連における死と再誕の間の生」。一二月八日、神智学協会ドイツ支部理事会は〈東方の星教団〉会員と神智学協会ドイツ支部会員とは相いれないと見なし、一一日、アニー・ベサントの退任を要求する電報を打つ。一二月二八日、ケルンでアントロポゾフィー（人智学）協会設立。引き続きケルンで連続講義「バガヴァッド・ギーターとパウロ書簡」。『魂の暦』出版、『自己認識への道』出版。

一九一三年（五二歳）　二月、ベルリンで連続講義「東洋の密儀とキリスト教の密儀」。三月、ハーグで連続講義「瞑想修行は物質的身体・エーテル体・アストラル体・自己にどんな意味を持つか」。五〜六月、ヘルシンキで連続講義「バガヴァッド・ギーターの神秘学的基盤」。夏、ミュンヘンで神秘劇第四部「心魂の目覚め」上演。引き続き連続講義「境域の秘密」。九月二〇日、ゲーテアヌム定礎式。一〇月から各地で「第五福音書」について講義。一二月からライプツィヒで連続講義「聖杯の探求―キリストと神霊世界」。『霊界の境域』出版。

一九一四年（五三歳）　一月、ベルリンで連続講義「人間の思考と宇宙の思考」。四月、ウィーンで連続講義「死と再誕のあいだの人間の内的本性」。五月に『哲学の謎』第一巻、一〇月に第二巻出版。一二月二四日、マリー・フォン・ジーフェルスと結婚。同月よりドルナッハで連続講義「秘儀の光の中の芸術」。各地で「ゴルゴタの秘儀の前段階」について語る。

一九一五年（五四歳）　ゲーテアヌムに据える彫刻〈人類の典型〉の製作に取りかかる。ゲーテアヌムの天井画を描く。

一九一六年（五五歳）　『人間の謎』出版。

一九一七年（五六歳）　『心魂の謎』出版。

一九一九年（五八歳）　二月〜三月、チューリヒで公開講演「社会問題」。九月七日、シュトゥットガルトに自由ヴァルドルフ学校開校。社会的活動の開始にともない、敵対者が増える。ゲーテアヌムで『ファウスト』上演。一一月から「ミカエルの使命」について講演。一二月からシュトゥットガルトで自然科学講座。『社会問題の核心』出版。

一九二〇年（五九歳）　三月、シュトゥットガルトで自然科学講座。同月～四月、ドルナッハで医学講座。ドイツに株式会社〈来たるべき日〉、スイスに株式会社〈フトゥルム〉を設立。九月二六日、ゲーテアヌム開館。

一九二一年（六〇歳）　二月、月刊『ディ・ドライ』創刊。四月、ドルナッハで医学講座および治療オイリュトミー講座。六月、アーレスハイムにイタ・ヴェークマン（一八七六―一九四三）による臨床治療研究所開設。八月、シュトゥットガルトに〈来たるべき日〉の臨床治療研究所開設。同月、週刊『ダス・ゲーテアヌム』創刊。一一月～一二月、オスロで連続講演「高次世界の現実」。

一九二二年（六一歳）　七月～八月、ドルナッハで「経済学講座」。九月、シュタイナーの指導を乞うたキリスト者共同体設立。一二月三一日夜、ゲーテアヌムより出火（翌朝、焼失）。

一九二三年（六二歳）　三月～四月、ドルナッハで連続講義「地球の呼吸過程としての季節と四季の祭」。八月、ペンマンマウアーで連続講義「秘儀参入の認識」。一〇月、ドルナッハで連続講義「四季の宇宙的イマジネーション」。同月～一一月、ドルナッハで連続講義「創造・造形・形成する宇宙言語に共鳴する人間」。一一月、ハーグで連続講義「人智学的に把握した超感覚的人間」。同月～一二月、ドルナッハで連続講義「秘儀の歴史」。一二月二四日より、普遍アントロポゾフィー（一般人智学）協会設立に向けて、クリスマス会議始まる。会議と平行して連続講義「人智学に照らした世界史」。

一九二四年（六三歳）　一月一日夕刻の懇親会で毒を盛られる。一命を取りとめるが、体調悪化。四日から、ドルナッハで連続講義「中世の秘儀の地」。一三日『アントロポゾフィー協会の経過報告』創刊。同月～二月、ドルナッハで連続講義「人智学―二一年の総括」。二月一五日、精神科学自由大学第一学級開講。一六日より、各地でカルマ論講義。同月、ドルナッハで音楽オイリュトミー講座。六月、コバーヴィッツで農業講座。同月～七月、ドルナッハで言語オイリュトミー講座および治療教育講座。八月、トーキーで連続講義「秘儀参入者の意識」。九月、ドルナッハで演劇講座。二九日、夜の講義を中断して、病床に就く。

一九二五年（六四歳）　三月二八日、イタ・ヴェークマンとの共著『精神科学的認識による医療拡張の基礎』の校正を終える。二九日、病状悪化。三〇日一〇時頃、制作中の群像彫刻「人類の典型（キリスト）」の置かれたアトリエで死去。

おもな著作・講義録

【哲学】

『ゲーテ的世界観の認識論要綱―特にシラーを考慮して』
『真理と学問―自由の哲学序論』
『自由の哲学―近代の世界観の概要・自然科学的方法による心魂観察の結果』
『フリードリヒ・ニーチェ―反時代的闘士』
『ゲーテの世界観』
『哲学の謎―哲学史概論』
『人間の謎―ドイツとオーストリアの人物たちの思考・観照・沈思の中の語られたものと語られなかったもの』
『「ファウスト」と「緑蛇と百合姫のメルヘン」を通して開示されたゲーテの精神性』

【精神科学】

『神秘主義と現代の世界観』
『神秘的事実としてのキリスト教と古代の密儀』

おもな著作・講義録

『神智学―超感覚的な世界認識と人間の本質への導き』
『いかにして高次世界の認識に到るか』
『アーカーシャ年代記より』
『霊的認識の階梯』
『神秘学概論』
『神秘劇』
『個人と人類を導く霊の働き』
『自己認識への道』
『霊界の境域』
『心魂の謎』
『宇宙論・宗教・哲学』
『人智学指導原則―人智学の認識の道・ミカエルの秘儀』
『瞑想と祈りの言葉』
『高次世界の実際』
『神殿伝説と黄金伝説―過去と未来の人間進化の秘密の象徴的表現』
『秘教の基本要素』
『神智学の門前にて』
『薔薇十字神智学』

『神話と伝説―秘められた印と象徴』
『人間の中への神霊存在の働きかけ』
『ヨハネ福音書講義』
『黙示録の秘密』
『宇宙・地球・人間―その本質と進化・エジプト神話と現代文化の関係』
『エジプトの神話と密儀』
『精神科学的人間学』
『人智学による世界と人生の諸問題への答え』
『輪廻との関連における霊の経済原則―人類の霊的指導の一面』
『神霊存在の物質界への反映―黄道十二宮・惑星・宇宙』
『ヨハネ福音書と共観福音書―特にルカ福音書との関係』
『西洋の光のなかの東洋―ルシファーの子供たちとキリストの兄弟たち』
『ルカ福音書講義』
『人智学・心智学・霊智学』
『キリスト衝動と個我意識の発達』
『福音書の光の中の人類生成の深い秘密』
『エーテル界へのキリストの出現』
『大宇宙と小宇宙―心魂の問い・生命の問い・精神の問い』

おもな著作・講義録

『カルマの開示』
『民族魂の使命』
『創世記の秘密』
『マタイ福音書講義』
『マルコ福音書補遺』
『世界史の秘密—世界史上の人物と事件のカルマ的関連の秘教的考察』
『秘められた生理学』
『宇宙の奇跡・心魂の試練・精神の開示』
『秘教的キリスト教と人類の霊的指導』
『イエスからキリストへ』
『霊的観点からの宇宙の進化』
『地上的人間と宇宙的人間』
『感覚の世界と精神の世界』
『いかにして前世を認識するか—輪廻とカルマの意味』
『天体と自然界の中の神霊存在』
『神秘学・神智学・哲学の光の中の人間』
『秘儀参入について—永遠と瞬間・精神の光と生命の闇』
『マルコ福音書講義』

『宇宙事象との関連における死と再誕の間の生』
『バガヴァッド・ギーターとパウロ書簡』
『東方の秘儀とキリスト教の秘儀』
『秘教修行は物質的身体・エーテル体・アストラル体・自己に対してどんな意味を持つか』
『バガヴァッド・ギーターの神秘学的基盤』
『境域の秘密』
『第五福音書』
『聖杯の探求―キリストと神霊世界』
『人間の思考と宇宙の思考』
『ゴルゴタの秘儀の前段階』
『人間の内的本質と死と再誕の間の生』
『キリストと人間の心魂―人生の意味について・神智学的モラル・人智学とキリスト教』
『霊視と霊聴―いかにして理念界の中に存在するか』
『偶然・必然・摂理―イマジネーション認識と死後の経過』
『宇宙と人類の歴史』
『ゴルゴタの秘儀認識への礎石―宇宙と人間の変容』

『神霊存在の働き』
『生の変容としての死』
『社会問題の霊的背景』
『ミカエルの使命―人間存在の本来の秘密の開示』
『大晦日と新年の考え』
『人類進化の中の対立―西と東・唯物論と神秘主義・知識と信仰』
『人間と宇宙の関連』
『新旧の秘儀参入法』
『太陽密儀と死と復活の密儀―顕教的キリスト教と秘教的キリスト教』
『三位一体の秘密―時代の変遷の中での人間と精神界の関係』
『地球の呼吸過程としての季節と四季の祭』
『秘儀参入の認識―人智学の観点からの過去・現在・未来における宇宙と人類の精神的・物質的進化』
『秘儀参入学と星認識―意識の進化の観点からの過去・現在・未来における人間』
『四季の宇宙的イマジネーション』
『創造・造形・形成する宇宙言語の協和音としての人間』
『人智学的に把握した超感覚的人間』
『秘儀の歴史』

『人智学の光に照らした人間精神の認識の基盤としての世界史』
『薔薇十字の秘儀―人類の密儀の歴史の一部としての復活祭』
『人智学―二一年後の総括・世界への人智学の唱導への指導』
『カルマ的関連の秘教的考察』
『秘儀参入者の意識―精神探究の正道と邪道』
『身体・心魂・精神による人間の本質の認識―かつての地球の状態について』
『健康と病気―精神科学的感覚論の基盤』
『人間と地球の生命―キリスト教の本質』
『宇宙と人間存在の中のリズム―いかにして精神界の観照に到るか』
『人間と宇宙―自然の中の霊の働き・蜜蜂の本質』
『精神科学的に考察した自然と人間』
『人類の歴史と文化民族の世界観』
『宇宙と人間の創造―地球の生命と星々の働き』
『一九世紀のオカルト運動と世界文化の関係』
『人智学的共同体形成』
『私たちの死者―追悼の言葉・瞑想の言葉』

【芸術】

『芸術と芸術認識―芸術による感覚的・超感覚的なものの現実化』
『ゲーテ「ファウスト」の精神科学的注釈』
『秘儀の叡智の光の中の芸術』
『芸術の世界的使命―言語の神霊・開示し輝く仮象の世界』
『オイリュトミーの発生と発展』
『見える歌としてのオイリュトミー―音楽オイリュトミー講座』
『見える言葉としてのオイリュトミー―言語オイリュトミー講座』
『言語形成と演劇芸術―演劇講座』
『音楽の本質と人間の音体験』
『秘められた封印と円柱―一九〇七年聖霊降臨祭神智学協会ミュンヘン会議』
『新しい建築様式への道』
『色彩の本質』

【教育】

『教育学の基礎としての一般人間学』
『教育技芸―方法論と教授法』
『教育技芸―演習とカリキュラム講義』

『自由ヴァルドルフ学校の教員会議』
『精神科学による教育の改新』
『人間認識と授業形成』
『子どもの健全な成長』
『教育技芸の精神的・心魂的な根源力』
『シュタイナー教育の実践』
『現代の精神生活と教育』
『教育の方法』
『人間理解からの教育』

【医学】

『精神科学的認識による医療拡充の土台』
『精神科学と医学』
『治療への精神科学的観点』
『治療オイリュトミー』
『医療の深化への瞑想的考察と指導』
『治療教育講座』
『牧師と医師のための講座』

【自然科学】
『物理学発展への精神科学的衝動――光・色・音・量・電気・磁気』
『物理学発展への精神科学的衝動――プラス物質とマイナス物質との境界上の熱』
『自然科学の諸領域と天文学の関係――天文学と人間および人間学との関連』
『農業講座』

【社会学】
『現代と未来の生活に欠くことのできない社会問題の核心』
『社会問題』
『社会の未来』
『経済学講座』

【自伝】
『わが人生の歩み』

解説

本書『ベーシック・シュタイナー——人智学エッセンス』は、大般若経から般若心経が抽出されたように、シュタイナーの主要著作と基本講義録の内容を、可能なかぎり凝縮した形で訳出・紹介したものです。

シュタイナー人智学の基本書は、人間論を扱った『神智学』、修行論の『いかにして高次世界の認識に到るか』、宇宙論を述べた『神秘学概論』です。人智学の概要を語った講義録には、『秘教の基本要素』『神智学の門前にて』『薔薇十字神智学』『神智学と薔薇十字』『神智学と薔薇十字神秘学』があります（『宇宙生成論』『民衆の神秘学』など、メモ程度の記録しか残っていない基礎講義もあります）。西川が基礎講義録を編訳したものが「シュタイナー精神科学の基礎」、基本著書を編訳したものが「シュタイナー人智学の基本」、渋沢比呂呼さんが修行論を綴ってくださったのが「高次元世界の認識」です。

本書では、できるだけ翻訳語ではなく普通の日本語を使うようにしましたが、以下に人智学用語について簡単に説明しておきます。シュタイナーはディルタイやヴントが使った精神科学という「簡素なドイツ語」を、人智学＝アントロポゾフィーと同義で用いることがよくありました。

人間の構成要素

近世・近代の日本思想では、人間を「体・心・魂」の三部分に分けていました（現代の心理学でも、同様の分類がなされます）。「身体・精霊・心・魂」あるいは「肉体・幽体・霊体・真体＝本体」と、四つに分けることもあります。

シュタイナーは人間を、まず「身体・心魂・精神」の三つに分類します（中国ならびに台湾では、心魂・精神は「心霊・精神」という訳語になっています）。そして、身体・心魂・精神それぞれを、さらに三つに区分します。すなわち、「物質体・生命体・感受体」「感受的

心魂・悟性的心魂・意識的心魂」「精神的自己・生命的精神・精神的人間」です。

生命体のことを「エーテル体」とも言います。肉体＝物質体に浸透して、肉体を生かしている形成力です（シュタイナーの弟子H・ベックは「エーテル・オーラ」という言葉を用いることがありました）。また、感受体と感受的心魂を一つにして「アストラル体」と呼びます。思いの場である心のことです（シュタイナーは講演で「アストラル・オーラ」という言葉を使ったことがあります）。そして、悟性的心魂・意識的心魂の中にあるものを「個我」と呼びます。自分そのものです。そうすると人間を、「物質体・エーテル体・アストラル体・個我」の四つからなるもの、と考えることができます。

個我の力によって変容したアストラル体が精神的自己、個我の力によって変容したエーテル体が生命的精神、個我の力によって変容した物質体が霊体＝精神的人間です。こうして、人間は「物質的身体・エーテル体・アストラル体・個我・精神的自己・生命的精神・精神的人間」の七部分からできているものと、とらえることができます。

宇宙の構造

仏教では、世界を「欲界・色界・無色界」の三つに分けます（色というのは形という意味です）。欲界は地獄・餓鬼・畜生・阿修羅・人間・天人の世界で、天人の世界は六つの天からなります。色界は有形の精神界で、一七もしくは一八の天からなります。無色界は無形の精神界で、四つの領域からなります。霊学＝古神道では、霊的世界を「地獄界・中有界・天界」もしくは「幽界・精霊界・神界」に分けたり、世界全体を「現界・幽界・霊界・神界」に分類します。

シュタイナーは、物質界＝感覚界のほかに、超感覚的世界（超感性的世界）として、「心霊の世界」と「精神の国」が存在すると見ています（現代の日本語では、「霊界」と「天国」に当たります）。

心霊の世界と精神の国は、それぞれ七つの領域に細分されます。「欲望の炎の領域・流れる刺激の領域・願望の領域・快と不快の領域」が心霊の世界の下部四領域です。「心魂の光の領域・活動的な心魂の力の領域・心魂生命の領域」が心霊の世界の上部三領域です。

精神の国には、物質の原像が存在する「大陸領域」、生命の原像が存在する「大洋領域」、心魂の原像が存在する「大気圏領域」、それから思考の原像が存在する領域があって、これらが精神の国の下部四領域をなしています。その上の第五領域・第六領域・第七領域が、精神の国の上部三領域になります。下部が「有形天」、上部が「無形天」です。

グノーシス思想や新プラトン派やスコラ神学では、心霊の世界の下部四領域が月天、上部領域が水星天・金星天・太陽天、精神の国の各領域を火星天・木星天・土星天・十二黄道宮天とします（晩年のシュタイナーは、心霊の世界を月天、精神の国を太陽天と呼びました）。

神霊の種類

神的・霊的存在の中心は、九つの位階からなる天使群です。ディオニシウス・アレオパギタが纏めた天使論が、エリウゲナのラテン語訳によって広まりました。（※）

熾天使セラフィム・智天使ケルビム・座天使トローネ・力天使キュリオテテス・主天使デュナメイス・能天使エクスシアイ・権天使アルカイ・大天使アルヒアンゲロイ・天使アンゲロイです。

セラフィム、ケルビム、トローネを第一位階（上級三隊）の天使群、キュリオテテス、デュナメイス、エクスシアイを第二位階（中級三隊）の天使群、アルカイ、アルヒアンゲロイ、アンゲロイを第三位階（下級三隊）の天使群と言います。

シュタイナーはこれらの存在を、「愛の神霊・調和の神霊・意志の神霊・叡智の神霊・動きの神霊・形態の神霊・人格の神霊・炎の神霊・薄明の子＝生命の子」と呼んでいます。

人格の神霊は時代精神、炎の神霊は民族神とも言います。薄明の子（生命の子）は個人の守護天使で、日本では守護神と言われます（日本で守護霊と言われるのは、先祖などの霊魂のことです）。

天使群から逸脱したものが悪魔です。人間を幻想に誘うルシファーと、人間を物質に縛り

※ディオニシウス・アレオパギタ～新約聖書の使徒言行録17章34節に登場するギリシア人、アレオパゴスの議員ディオニシオのこと。使徒パウロによりキリスト教徒となる。

エリウゲナ～九世紀、カロリング・ルネサンス期の代表的哲学者、神秘主義者、神学者。

付けるアーリマンがいます。ルシファーは人間を夢想的・耽美的にし、アーリマンは人間を唯物論的・攻撃的にします。ルシファーは人間に芸術をもたらし、アーリマンは学問をもたらしました。ルシファー（ルチフェル、ルキフェル）は旧約聖書に登場する悪魔、アーリマン（アフリマン、アンラ・マンユ）はゾロアスター教に登場する悪魔です。

天使群から派生したものとして、四大元素存在（自然霊・妖精）がいます。土の精・水の精・空気の精・火の精の四種類です。

物質界と精神世界の境界にいて、未熟な人間が不用意に超感覚的世界に入らないように、境域を見張っているのが境域の監視者です。じつは、この存在は自分自身のカルマが集積して出来た姿で、自らのダブル（シャドー）でもあります。

宇宙の進化・人類の進化

仏教では、宇宙は成・住・壊・空の四劫を繰り返す、と考えています。シュタイナーも、人間が輪廻するように、宇宙は転生しつつ発展していく、と考えています。

まず、惑星状態＝意識状態が七つあります。「土星進化期・太陽進化期・月進化期・地球進化期・木星進化期・金星進化期・ウルカヌス星進化期」です。

土星進化期において人間はトローネから物質的身体の基盤を得て、昏睡意識＝全体意識を体験しました。太陽進化期に人間はキュリオテテスからエーテル体を得て、睡眠意識を体験しました。月進化期に人間はデュナメイスからアストラル体を得て、夢像意識＝イメージ意識を体験しました。そして、地球において人間はエクスシアイを通して個我を得て、覚醒意識＝対象意識を持っています。木星進化期には心魂的意識、金星進化期には超心魂的意識、ウルカヌス星進化期には精神的意識を得ることになります。

それぞれの惑星状態は、七つの生命状態＝周期に分かれます。「第一元素界・第二元素界・第三元素界・鉱物界・植物界・動物界・人間界」です。

そして、それぞれの生命状態（周期）が七つの形態状態＝球期に分かれます。「無形状態・有形状態・アストラル状態・物質状態・彫塑状態・知的状態・元型状態」です。

地球進化期―鉱物界―物質状態（つまり第四惑星状態―第四生命状態―第四形態状態）のなかに、七つの根幹時代があります。「ポラール時代・ヒュペルボレアス時代・レムリア時代・アトランティス時代・ポストアトランティス時代・第六根源時代・第七根源時代」です。

ヒュペルボレアス時代に太陽が地球から分離し、レムリア時代に月が地球から分離しました。月が分離したあと、人間は男女に分かれ、輪廻が始まりました。現在はポスト・アトランティス時代（神智学でいうアーリヤ時代）です。

ポスト・アトランティス時代のなかに七つの文化期があります。「インド文化期・ペルシア文化期・エジプト―カルデア文化期・ギリシア―ラテン文化期・第五文化期・第六文化期・第七文化期」です。インド文化期は紀元前七二二七〜五〇六七年、ペルシア文化期は紀元前五〇六七〜二九〇七年、エジプト・カルデア文化期は紀元前二九〇七〜七四七年、ギリシア・ラテン文化期は紀元前七四七〜西暦一四一三年、第五文化期は一四一三〜三五七三年、第六文化期は三五七三〜五七三三年、第七文化期は五七三三〜七八九三年です。第五文化期はゲルマン文化期、第六文化期はロシア文化期、第七文化期はアメリカ文化期とも言います。

第一文化期は蟹座の時代、第二文化期は双子座の時代、第三文化期は牡牛座の時代、第四文化期は牡羊座の時代、第五文化期は魚座の時代、第六文化期が水瓶座の時代です。

いままで述べてきたことを理解して納得するだけでなく、みずからの心眼・天眼ではっきりと見るためには修行が必要になります。思考・感情・意志を整える生活を送りつつ、天に通じる形象や言葉に意識を集中するのです。瞑想生活の条件として、シュタイナーは禁酒をあげています(肉食は禁じられませんが、菜食のほうが好ましいと述べています)。

根気よく瞑想を続けていくと、やがて異次元世界の姿が現われてきます。瞑想のイメージを消して集中しつづけていると、それらの姿が何者なのか、分かってきます。そうして、それらの存在と内的に合一するに到ります。浄化・内的照明・神秘的合一と言われてきた諸段階です(浄化というのは、象徴図や聖句に集中しているあいだ我欲は消えているので、心が浄化されるのです。心が澄めば、心眼は開かれます。内的照明体験は、「悟り」と言われます)。神秘的な世界に入っていけばいくほど、普段の日常的感覚に歪みが生じないよう、気を付ける必要があります。

なお、シュタイナーは東洋の道として、戒律・坐法・調息を踏まえた上で、一つの感覚的印象に集中する制感、その対象の表象のみに集中する凝念を経て、物質界に由来しない表象に集中する禅定、無念無想の三昧を説いています。

△シュタイナーの修行に励む前に〜簡単なエクササイズのご提案▽

1 朝、目覚めるとき、それまで見ていた夢を心で味わいながら思い出す。（夢が身体上の注意を促しているときは、なんらかの処置をする。食べ過ぎ、運動不足、内臓疾患など）

2 鳥の声、風のそよぎ、陽光と月の光に注意する。雨の日には雨の音を聴く。

3 『魂のこよみ』『瞑想と祈りの言葉』などのマントラを唱えたり、詩を自分流に朗読する。

4 レムニスカートを手で描いてみたり、身体で描いてみたりする。

5 四季を楽しむ。春には若葉の開くさま、蕾が開花するさまを観察してみる。夏には抜けるような青空と真昼の暑さに遙かな存在を感じてみる。秋には澄み渡った大気と水晶のような陽光を注視してみる。冬にはその寒さ厳しさの中に、そっと息づく、小さなぬくもりの命を観想する。

6 日曜日を新しい週の始まりの小さな祝祭日と考え、一人だけのお祭りをしてみたり、愉しみを見つけたりする。

7 月曜日はデリケートな月の特質と月が人間や地球の生き物へ与える影響、火曜日は誇り高く活動的な火星の特質と人間や地球の生き物へ与える影響、水曜日は知的で活発な水星の特質とその影響、木曜日は寛容で豊かな木星の特質とその影響、金曜日は洗練され優美な金星の特質とその影響を考えながら仕事や勉強やさまざまな活動をする。

8 土曜日は自分を養い、守るように。時には意識的に沈黙を守ってみる。

9 ときどき、日々の計らいやさまざまな心配事、仕事などのノルマを忘れ、自分を空っぽにしてみる。

10 夜、眠るときは、その日の逆順のイメージのレッスンのあと（ｐ１６４）、深宇宙の神聖な闇をイメージし、そのなかに魂を安らわせるように。悪の一切及ばない愛そのものの宇宙の主宰者に、慈しまれ抱《いだ》かれているさまを思い描いてみる。

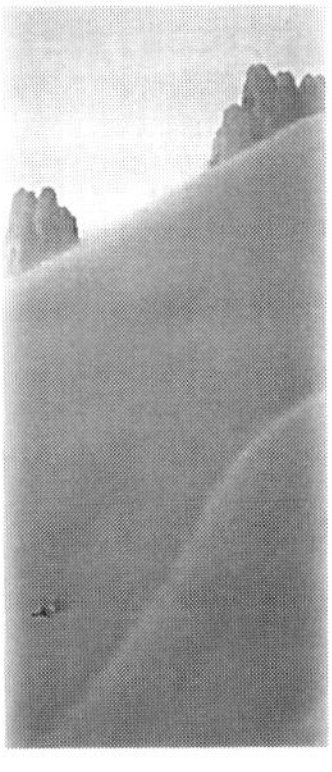

あとがき

本書前半は、秦靖幸氏編集の『心霊研究』(日本心霊科学協会) 平成一六年三月~一一月号に西川が連載した『シュタイナーにおける神霊世界と瞑想修行』の前半部を推敲したものです。そして、キリスト信徒としての修道生活を、参禅や黙想会も含めて探求なさっている渋沢比呂呼さんが書いてくださったのが、本書後半の「高次元世界の認識」です。「シュタイナーの修行に励む前に~簡単なエクササイズのご提案」も彼女が書いてくださいました。

日本の人智学は翻訳語による伝教の時代から日本語による弘法の時代に入っている、と言えるでしょう。日本の精神風土から大乗的な人智学を生み出す時期に来ているように思われます。もしもシュタイナーが来日していたら、いっそう優美な表現の人智学を語ったのではないかと想像します。

本書が、皆さまがシュタイナー人智学の基礎を整理なさる一助となるよう、願っています。また、帰天の途にある方々のための読誦にも用いることができるのではないか、と思っています。

本書刊行にご尽力くださったイザラ書房社主・澁澤カタリナ浩子さんと、姉君の取締役・村上京子さんに感謝します。

平成一九年　季夏　　　西川隆範

西川先生のご指導ご提案により、共同作とさせていただきましたことを、おののきつつも深く感謝いたします。そしてパステル画家の中神そらさん、豊かな友情をありがとう！

ここに記述された事柄は、自分の心と身体を使ってさまざまな体験をいただきながら、可能なかぎりつたなくも検証してみました。何回も倒れながら、なお以前より健康なわが身に驚いています。平安と沈黙のうちに心の耳目が澄明に開けることを願って。

平成一九年　ミカエルの季節に　　渋沢比呂呼

※左記は編集中、いつもかたわらにあってインスピレーションを与えてくれた著作です。(S)

『水の味わい』　トマス・G・ハンド&李純絹　春秋社
『神と空のダイナミズム』　トマス・G・ハンド　春秋社
『神秘主義』　鈴木大拙　岩波書店
『ヴァガヴァッド・ギーターの世界』　上村勝彦　NHKライブラリー
『参禅要典』『「普勧坐禅儀」に親しむ、「坐禅用心記」に親しむ』　曹洞宗宗務庁
『正法眼蔵随聞記』　懐奘　岩波文庫
『コーリング　2巻』　岡野玲子　マガジンハウス
『道しるべ─スピリチュアル・ライフ入門─』　英隆一郎　新世社
『花婿の友─霊的同伴の道しるべ─』　トマス・グリーン　夢想庵
『顔を持つまで』　C・S・ルイス　平凡社ライブラリー

西川隆範（にしかわ りゅうはん）
1953年、京都市生まれ。真言密教阿闍梨。
ゲーテアヌム精神科学自由大学（スイス）、キリスト者共同体神学校（ドイツ）に学ぶ。シュタイナー幼稚園教員養成所（スイス）講師、シュタイナー・カレッジ（アメリカ）客員講師を経て、多摩美術大学講師、シュタイナー学園評議員。主な著書に『生き方としての仏教入門』『ゴルゴタの秘儀―シュタイナーのキリスト論』『シュタイナー用語辞典』、訳書に『神秘学概論』『神智学の門前にて』ほか。
http://idebut.org/school/?id=nishikawa@idebut.org
http://blog.goo.ne.jp/steineranthroposophy

渋沢比呂呼（しぶさわ ひろこ）
1960年、埼玉県生まれ。ゲーテアヌム精神科学自由大学会員。C.S.ルイスのファンタジー、Bob Dylanの声、R.シュタイナーの著作の影響でAnglican Episcopal churchにて受洗。高崎聖オーガスティン教会員。現在、曹洞宗坐禅会にて修養中。編集作品にシュタイナー著『新訳　魂のこよみ』『色彩の本質◎色彩の秘密』『聖杯の探求』。『秦理絵歌集：無数の銀河』ほか。

ベーシック・シュタイナー【人智学《アントロポゾフィー》エッセンス】

2007年11月17日　初版第一刷発行
2015年6月30日　第三刷発行
編訳者　西川隆範
撰述者　渋沢比呂呼
発行者　村上京子
発行所　株式会社イザラ書房
〒369-0305　埼玉県上里町神保原569番地
Tel 0495-33-9216　Fax 047-751-9226
http://www.izara.co.jp　mail@izara.co.jp
装　幀　村上京子
印刷所　株式会社シナノ
ISBN978-4-7565-0106-6　C0010

※本書の印刷にはすべて大豆インクを使用しています